Mastering Arabic through Literature

Mastering Arabic through Literature

The Short Story

الرُّبى

al-Rubaa Volume 1

Iman A. Soliman

Saeed Alwakeel

The American University in Cairo Press

Cairo • New York

The American University in Cairo Press
113 Sharia Kasr el Aini, Cairo, Egypt
www.aucpress.com
420 Fifth Avenue, New York, NY 10018

Dar el Kutub No. 14441/12
ISBN 978 977 416 598 6

Dar el Kutub Cataloging-in-Publication Data

Saeed.A Alwakeel and Iman Soliman
Al-Rubaa : Mastering Arabic through literature: Modern short stories/ Saeed.A Alwakeel and Iman Soliman –Cairo: The American University of Cairo Press, 2012
p. cm.
ISBN 978 977 416 598 6
1. Short Stories, English I. Alwakeel, Saeed
2. English Fiction
823
III. Title

2 3 4 5 22 21 20 19 18

Designed by Cherif Abdullah
Printed in Egypt

إلى معهد اللغة العربية بالجامعة الأمريكية بالقاهرة
الذي لولا عطاؤه المادي والمعنوي ما رأى هذا العمل النور

المحتويات

شكر خاص ix

Introduction xi

المقدمة xv

تمهيد: محاضرة في الأدب العربي ١

فن القص عند العرب ٨

محمود طاهر لاشين ١٥

"من مذكرات سيدنا نوح" لمحمود طاهر لاشين ٢١

المفردات ٢١

تدريبات على مفردات "من مذكرات سيدنا نوح" ٢٨

قصة "من مذكرات سيدنا نوح" لمحمود طاهر لاشين ٣٣

"صح" لمحمود طاهر لاشين ٤١

المفردات ٤١

تعبيرات وتراكيب ٥٤

تدريبات على مفردات قصة "صح" ٥٧

قصة "صح" لمحمود طاهر لاشين ٦٤

نجيب محفوظ ٧٧

"الحكاية ٢٦" من "حكايات حارتنا" لنجيب محفوظ ٨٧

المفردات ٨٧

تعبيرات وتراكيب ٩٢

تدريبات على مفردات" الحكاية ٢٦" ٩٤

"الحكاية رقم ٢٦" من " حكايات حارتنا" لنجيب محفوظ ١٠٠

"الحكاية رقم ٢٩" من "حكايات حارتنا" لنجيب محفوظ ١١٠

المفردات ١١٠

تعبيرات وتراكيب ١١٤

تدريبات على مفردات "الحكاية ٢٩" ١١٦

"الحكاية رقم ٢٩" من "حكايات حارتنا" لنجيب محفوظ ١٢١

"الحلم رقم ٦" من "أحلام فترة النقاهة" لنجيب محفوظ ١٣٢

المفردات.. ١٣٢
تدريبات على مفردات "الحلم رقم ٦"............................... ١٣٤
"الحلم رقم ٦" من "أحلام فترة النقاهة" لنجيب محفوظ........... ١٣٧

يوسف إدريس.. ١٥١

"بيت من لحم" ليوسف إدريس.. ١٥٨
المفردات.. ١٥٨
تعبيرات وتراكيب.. ١٦٥
تدريبات على مفردات "بيت من لحم"................................ ١٦٦
قصة "بيت من لحم" ليوسف إدريس.................................. ١٧٥
"ع الماشي" ليوسف إدريس... ١٨٤
المفردات.. ١٨٤
تعبيرات وتراكيب.. ١٩١
تدريبات على مفردات قصة "ع الماشي"............................. ١٩٤
قصة "ع الماشي" ليوسف إدريس..................................... ٢٠٢

الطيب صالح... ٢١٣

"أغنية حب" للطيب صالح.. ٢١٨
المفردات.. ٢١٨
تعبيرات وتراكيب.. ٢٢٠
تدريبات على مفردات "أغنية حب".................................. ٢٢١
قصة "أغنية حب " للطيب صالح...................................... ٢٢٤
"خطوة للأمام" للطيب صالح... ٢٢٧
المفردات.. ٢٢٧
تعبيرات وتراكيب.. ٢٢٩
تدريبات على مفردات قصة "خطوة للأمام".......................... ٢٣٠
قصة "خطوة للأمام" للطيب صالح.................................... ٢٣٤
"لك حتى المات" للطيب صالح.. ٢٣٩
المفردات.. ٢٣٩
تعبيرات وتراكيب.. ٢٤٣
تدريبات على مفردات قصة "لك حتى المات"........................ ٢٤٥
قصة "لك حتى المات" للطيب صالح.................................. ٢٤٨
أهم المراجع لكتاب الربى الجزء الأول ٢٥٢

شكر خاص

نتقدم باسمى آيات الشكر والعرفان لكل من أسهم في إخراج هذا العمل إلى النور، ونخص بالذكر هنا:

الدكتورة زينب أحمد طه مديرة معهد اللغة العربية بالجامعة الأمريكية بالقاهرة؛ لتشجيعها ودعمها هذا العمل في مختلف مراحله.

"مارك برو" للتصوير الفوتوغرافي؛ لجهده الفائق في إعداد الصور الخاصة بالكتاب.

الأستاذ فادي عوض، والأستاذ محمد إبراهيم الشافعي اللذين قاما بالتدقيق اللغوي وبتقديم الاقتراحات البناءة.

وأخيرًا وليس بآخر، نتقدم بالعرفان وكل التقدير لأُسر الأدباء المبدعين الذين وافقوا على منحنا حق نشر أعمال ذويهم في هذا الكتاب، وعلى وجه التحديد: الأستاذة فاتن نجيب محفوظ، والأستاذة نسمة يوسف إدريس، والسيدة جوليا الطيب صالح.

وشكر خاص لدار النشر بالجامعة الأمريكية بالقاهرة.

Introduction

Why Literature?

Literature provides creative and critical appreciation of all areas of human experience. Studying literature promotes empathy and a refined palate for diverse cultures and develops learners' control of language. Because literary texts are rich in layers of meaning they encourage interaction through discussion and promote active learning boosting learners' motivation and allowing them to become active and critical readers. Literature is also an authentic source of language that presents all Arabic language varieties in use. It incorporates a wide range of sophisticated or nonstandard oral and written language that is linguistically rich and complex necessary for developing learners' language proficiency at the advanced and superior levels.

About *Mastering Arabic through Literature*

Mastering Arabic through Literature (al-Rubaa) is a series of Arabic language and culture books that presents leading figures of Arabic literature and different samples of their works to non-native speakers of Arabic. It comprises three volumes covering Arabic literature in the modern age with a volume each on short stories drama and poetry. The series is aimed at learners of Arabic as a Foreign Language at the advanced levels as identified by the American Council on the Teaching of Foreign Languages (ACTFL) guidelines. The authors adopt an integrated-skills content-based approach to presenting literature culture and language and the activities in the books make use of Web 2.0 emerging technologies to enhance learning and expose students to language in its authentic contexts and usage in as well as outside of the classroom. Authentic materials can be found on the *al-Rubaa* website:

http://www3.aucegypt.edu/al-rubaa/

The three books in the series aim at fostering and developing the learners' language and culture proficiency. They allow Arabic foreign language teachers to broaden the interests of twenty-first-century Arabic learners in language learning in general and enable teachers to meet the needs of those who want to specialize in Arabic linguistics and literature in particular.

This volume on short stories is the first book in the series. It focuses on a selection of short stories and authors from Arabic literature in the modern age.

The selection is presented against a full historic sweep of Arabic literature in general and literature in the modern age in particular. This book like no other uses and presents the content of literature systematically and consistently while aiming at developing students' linguistic knowledge to a superior level. It raises their cultural awareness and enhances their communication skills within and beyond the immediate and everyday life situations.

All URLs for Internet resources including texts and videos are placed on the *al-Rubaa* website. In order to preserve and acknowledge the copyright and intellectual property of the authors of all online texts the URLs on the website link directly to the sites from which they were taken. This icon الربى directs learners to the website for a particular reading audio or video text necessary for completing a particular activity. Many of the activities are designed to promote and encourage pair and group work while others lend themselves to self-paced learning.

This course requires four contact hours of teaching per week over thirteen weeks and another six to eight hours of homework every week in preparation for class time.

How This Book Is Organized

The Short Story begins with an introductory audio lecture presenting the historical and political background of the literary ages followed by a set of linguistic and integrated skills activities. These activities are followed by another lecture about the history of narration in modern Arabic literature. Following the two introductory lectures the volume divides into four units each unit devoted to one of the following authors: Mahmoud Tahir Lashin Naguib Mahfouz Yusuf Idris and Tayib Saleh. The authors and their works are presented in the chronological order of the development of the short story genre. Each unit consists of a biography of the relevant author including the characteristics of his literary style and a set of comprehension questions and skills-developing activities for classwork and homework. This is followed by two or three of the author's short stories each short story forming the basis for a lesson that includes:

1. A lead-in discussion or reading mostly related to the historical background cultural aspects and issues referred to in the short story with comprehension questions and activities (usually to be conducted in class unless the reading needs to be done at home prior to classroom discussions).

2. Vocabulary list with meanings explained in Arabic English translations and examples of the use of the words in sentences. The vocabulary list is followed by vocabulary practice and other vocabulary-building exercises mostly to be prepared at home the teacher deciding which exercises are suitable for classwork and which for homework.

3. The text of the short story (to be read at home after pre-reading activities).

4. Comprehension questions which include:
   a. Pre-reading activities (conducted in class before reading main text at home);
   b. Graded comprehension questions ranging from general to more detailed and ending with literary criticism questions. All comprehension questions include true-or-false multiple-choice and open-ended questions. Some can be completed at home and some in class depending on level of difficulty and students' needs;
   c. Post-reading activities for skills building and extensions (these can be completed in class or at home according to instructions or type of activity).

Learning Outcomes

On completion of this course book learners will demonstrate:

1.Knowledge of leading authors of short stories in modern Arabic literature.

2. An understanding of the conventions technical features and historical and cultural contexts of Arabic short story writing and language in the modern age.

3. Reading competence and advanced literacy through their interpretation and analysis of a range of short stories and texts.

4. An ability to read works of literary and cultural criticism and deploy ideas from these texts in their own speaking and writing. They will express their own ideas as informed opinions.

5. Competency in all stages of the process of writing necessary for a range of writing situations.

6. Competency in oral communication skills through discussions and presentations in formal and informal settings.

المقدمة

لِمَ الأدب؟

إن الأدب يمثِّل الإبداع الحقَّ والنظرة المستبصرة لكل مناحي التجربة الإنسانية. ولعل دراسته تعزز روح التعاطف مع ثقافة الآخر، كما تسهم في التلقي البنّاء لها، بالإضافة إلى تمكين المتعلم من امتلاك ناصية اللغة. ولِمَ لا، والأدب قلب اللغة النابض؟

النصوص الأدبية تشجع على التفاعل من خلال النقاش، كما تعزز التعلم النشط والحافزية لدى المتعلمين، وتتيح لهم كذلك أن يصبحوا قرّاء أكثر فعالية، وأن يتمتعوا بروح النقد؛ ولعل ذلك كله يرجع إلى أن الأدب بطبيعته شديد الثراء على مستوى المعني؛ فهو مفتوح الدلالة، متعدد الأوجه.

ومن ناحية أخرى فإن الأدب يعد مصدرًا أصيلًا للغة التي تمثل التنوعات الهائلة للعربية المتداولة؛ فهو—بجمعه في طياته بين اللغة الشفوية والمكتوبة—يعد، من الناحية اللغوية، شديد التركيب والثراء. وتزداد أهميته لدارسي اللغة؛ إذ يسمح بتنمية كفاءتهم اللغوية في المستويات المتقدمة والرفيعة.

هذا الكتاب

الربى سلسلة من الكتب اللغوية الثقافية التي تقدم روائع الأدب العربي الحديث وقاماته المبدعة إلى متعلمي اللغة العربية من الناطقين بغيرها. وهي تشتمل على ثلاثة كتب تغطي الأدب العربي الحديث؛ القصص القصيرة، والمسرح، والشعر على التوالي.

جدير بالذكر أن هذه السلسلة موجهة إلى متعلمي العربية من الناطقين بغيرها، بدءًا من المستوى المتوسط العالي حتى المستويات المتقدمة؛ وذلك بحسب تعريف المستويات في معايير المجلس الأمريكي لتدريس اللغات الأجنبية (ACTFL). وقد تبنى مؤلفا هذه السلسلة مدخلاً تعليمياً إلى الأدب والثقافة واللغة مؤسسًا على المحتوى الدراسي وتكامل المهارات، كما تفيد الأنشطة في الكتاب من الوسائل التكنولوجية الحديثة المسماة 'ويب ٢' بهدف تحسين التعلُّم وجعل الطلاب يتعرضون للغة في سياقاتها واستخداماتها الأصلية كما هي في خارج قاعات الدرس. وسيجد الدارس كل المواد الدراسية الأصلية المكتوبة والمسموعة والمرئية التي تحقق فائدة قصوى للمتعلم متاحة في موقع كتاب الربى على الشبكة العالمية.

تهدف كتب السلسلة إلى تنمية كفاءة متعلمي العربية من الناحية اللغوية والثقافية، كما تهدف إلى إتاحة الفرصة أمام المعلِّم ليوسع اهتمام متعلمي العربية في القرن الحادي

والعشرين ومن بينهم أولئك الراغبين في أن يتخصصوا في الأدب العربي واللسانيات.

وهذا الكتاب الذي بين أيديكم، والمختص بالقصة القصيرة، هو أول أجزاء سلسلة الربى. وهو يتناول—بالدرس والتحليل والتدريب—مجموعة مختارة من القصص العربية القصيرة ومؤلفيها الذين ينتمون إلى العصر الحديث. وتُعد أعمال أولئك المؤلفين نماذج ممثلة للأدب العربي في إجماله والأدب العربي الحديث على وجه الخصوص. ويتفرد هذا الكتاب بتقديم محتوى الأدب بطريقة منظمة مطردة تستهدف تنمية المعرفة اللغوية للطلاب لتصل إلى مستوى رفيع، وترفع مستوى وعيهم بالثقافة، وتحسن مهاراتهم التواصلية في مواقف الحياة اليومية وفيما يتجاوز ذلك. ويتبنى الكتاب مدخلًا إلى تدريس اللغة مؤسسًا على المحتوى، ويُمد المتعلم بأنشطة ومهام تعليمية وافرة وثيقة الصلة بالحياة، تدمج وتنمي كل مهارات اللغة.

يستخدم هذا الكتاب المصادر الأصلية على الشبكة متضمنة مواد مقروءة ومسموعة ومرئية، وكلها متاح على موقع كتاب الربى وعنوانه:

http://www3.aucegypt.edu/al-rubaa/

وسيجد الدارس في الكتاب هذه الأيقونة الرُّبى التي يحيله رابطها إلى موقع الكتاب حيث يجد مواد مقروءة ومسموعة ومرئية محددة تخص نشاطًا لغويًا بعينه. ويلاحظ أن الكثير من الأنشطة مصمم بحيث يشجع على العمل الجماعي والعمل في أزواج ويرتقي بهما، ويمد—في الوقت نفسه—يد العون إلى الراغبين في التعلُّم الذاتي. ويتطلب برنامج الأدب العربي هذا أربع ساعات تدريسية داخل الفصل أسبوعيًا لمدة ثلاثة عشر أسبوعًا، بالإضافة إلى ما بين ست ساعات وثمانٍ أسبوعيًا لعمل الواجبات والإعداد للفصل.

تنظيم الكتاب

يبدأ كتابنا هذا بمحاضرة صوتية تمهيدية، تعرِّف بالخلفية التاريخية والسياسية للأدب في عصوره المختلفة، يتلوها مجموعة من الأنشطة المتكاملة للمهارات اللغوية. ويتبع ذلك محاضرة أخرى عن فن القص في الأدب العربي الحديث.

بعد هاتين المحاضرتين التمهيديتين، ينتظم الكتاب زمنيًا في أربع وحدات؛ حيث تتناول كل وحدة أحد مبدعي القصة القصيرة؛ وهم: محمود طاهر لاشين، ونجيب محفوظ، ويوسف إدريس، والطيب صالح. تشتمل كل وحدة على السيرة الذاتية للمؤلف موضع الدرس، متضمنة سمات أسلوبه الأدبي ومجموعة من أسئلة الفهم

وأنشطة تنمية المهارات. ويلي ذلك قصتان أو ثلاث للمؤلف. تمثل كل قصة درسًا منفصلًا يشتمل على:

١. مناقشة تمهيدية أو قراءة ترتبط غالبًا بالجوانب الثقافية والقضايا المثارة في القصة القصيرة، على أن يصحبها أنشطة وأسئلة. (يتم القيام بهذه الأنشطة والإجابة عن الأسئلة في الفصل، إلا إذا ما تطلب موضوع القراءة التحضير مسبقًا في المنزل لمناقشته في الفصل.)

٢. قائمة بالكلمات تشمل الجذر والمعنى بالعربية وترجمته بالإنجليزية، فضلًا عن أمثلة على استخدام الكلمات في الجمل. كما تم وضع الدارج والعامي من المفردات والتعبيرات بين أقواس معقوفة للتنويه عن ذلك. وتتبع تلك القائمة تدريبات على المفردات وتدريبات أخرى لبناء المفردات، أغلبها للتحضير بالمنزل. ويترك للمدرس اختيار التدريبات الملائمة للفصل وتلك الملائمة للتدريب بالمنزل.

٣. نص القصة القصيرة (للقراءة في المنزل بعد إتمام أنشطة ما قبل القراءة).

٤. أسئلة فهم تتضمن:

أ. أنشطة ما قبل القراءة (يتم القيام بها في الفصل قبل قراءة النص في المنزل).

ب. أسئلة فهم متدرجة،تبدأ بالقراءة الإجمالية مرورًا بالقراءة التفصيلية وانتهاءً بأسئلة النقد الأدبي.وتلك الأسئلة جميعها تتضمن أسئلة صواب وخطأ، واختيار من متعدد، وأسئلة مفتوحة. ويمكن القيام ببعضها في المنزل و بعضها الآخر الآخر في الفصل حسب مستوى الصعوبة واحتياجات الطلاب.

٥. أنشطة إضافية لبناء المهارة اللغوية. (وهذه يمكن إكمالها في الفصل أو البيت، تبعًا للتعليمات المعطاة ونوع النشاط.)

مخرجات التعلم

يتحقق للطالب—بعد إنهاء هذا الكتاب—ما يأتي:

١. معرفة طيبة بالمبدعين الرواد في مجال القصة القصيرة.

٢. فهم جيد للملامح الأسلوبية والتقاليد الفنية والسياقات الثقافية والتاريخية للكتابة القصصية واللغة العربية في العصر الحديث.

٣. كفاءة في القراءة، وإحاطة جيدة بالمادة الأدبية، من خلال التفسير والتحليل لمجموعة من النصوص والقصص القصيرة.

٤. قدرة على قراءة أعمال أدبية ونقدية، واستلهام أفكار من تلك النصوص في كلامهم وكتاباتهم.

٥. كفاءة في كل مراحل عملية الكتابة؛ وذلك في عدد من المواقف التي تتطلب إنتاجًا مكتوبًا.

٦. كفاءة في مهارات التواصل الشفوي، من خلال المناقشات والتقديمات في المواقف الرسمية وغير الرسمية.

تمهيد: محاضرة في الأدب العربي

أولاً: نشاط تمهيدي

١- ناقشوا مع زملائكم معنى كلمة الأدب، واكتبوا في مجموعات تعريفًا شاملاً لهذه الكلمة.

٢- الآن اقرأوا هذا التعريف لكلمة الأدب وتاريخها، واذكروا أية فكرة جديدة أضيفت إلى معرفتكم.

مفهوم الأدب وتاريخه في العربية[1]

تطور مفهوم كلمة 'أدب' بتطور الحياة العربية من الجاهلية حتى أيامنا هذه عبر العصور الأدبية المتعاقبة. فقد كانت كلمة 'أدب' في الجاهلية تعني "الدعوة إلى الطعام." وفي العصر الإسلامي استعمل الرسول، صلى الله عليه وسلم، كلمة 'أدب' بمعنى جديد وهو التهذيب والتربية؛ ففي الحديث الشريف "أدبني ربي فأحسن تأديبي." أما في العصر الأموي، فقد اكتسبت كلمة 'أدب' معنى تعليميًا يتصل بدراسة التاريخ، والفقه، والقرآن الكريم، والحديث الشريف. وصارت كلمة 'أدب' تعني تعلم المأثور من الشعر والنثر. وفي العصر العباسي نجد المعنيين المتقدمين، وهما التهذيب والتعليم، يتقابلان في استخدام الناس لهما، وهكذا بدأ مفهوم كلمة الأدب يتسع ليشمل سائر صنوف المعرفة وألوانها ولا سيما علوم البلاغة واللغة. أما اليوم فتطلق كلمة 'أدب' على الكلام الإنشائي البليغ الجميل الذي يقصد به التأثير في عواطف القراء والسامعين. ومن تعريفات العمل الأدبي لدى النقاد المحدثين تعريف الدكتور عز الدين إسماعيل في كتابه "الأدب وفنونه" (دار الفكر العربي، القاهرة، ٢٠٠٢، ص ٣١):

> "إن العمل الأدبي بناء لغوي، يستغل كل إمكانات اللغة الموسيقية والتصويرية والإيحائية، في أن ينقل إلى المتلقي خبرة جديدة منفعلة بالحياة." ويعقب عز الدين إسماعيل بقوله إن "هذا اقتراح لتعريف العمل الأدبي؛ لأن العمل الأدبي هو الشيء القائم الملموس . . . أما الأدب (ذلك الشيء المجرد)، فما أولانا ألا نتعب أنفسنا في محاولة تعريفه."

---

[1] راجع الموضوع في موسوعة ويكيبيديا العربية تحت عنوان "مفهوم الأدب وتاريخه في العربية."

ثانيًا: قبل الاستماع إلى المحاضرة

المفردات

١. ضعوا دائرة حول الكلمات أو العبارات التي لها علاقة بالزمن:

الأدب   محددة   الراهن   التربة   رؤية   يتناول بالدراسة
تنقسم   بداية   مجيء   تتوازى   سقوط   الخلفاء الراشدون
الدولة   الرسول   حلقات   ازدهار   نهاية   العصر الجاهلي
صدر   بعثة   قيام   نمو   احتوى   العصر العباسي
عصر   الفترة   إلا   استقرار   ملخص   الدولة الأموية

٢. صنفوا الكلمات السابقة بحسب ما يأتي:

اسم:

فعل:

مصدر:

عبارة:

أداة:

٣. اكتبوا جمع الكلمات الآتية:

أدب – بعثة – نهاية – صدر – رسول – خلافة – عصر – فترة – خليفة – ملخص – دراسة – رؤية

مناقشة ما قبل الاستماع

١. ستستمعون إلى محاضرة قصيرة عن الأدب العربي. اكتبوا ثلاثة أسئلة تظنون أن المحاضرة يمكن أن تجيب عنها.

٢. راجعوا أسئلتكم مع زملائكم.

٣. تناقشوا مع زملائكم، وقولوا رأيكم في العبارات الآتية مؤيدين أو مخالفين ذلك الرأي بأمثلة مما تعرفونه عن الأدب في بلدكم.

-تنقسم خريطة المدارس الأدبية تاريخيًا في أي بلد بطريقة توازي العصور السياسية المختلفة في ذلك البلد.

-إن الاستقرار السياسي في بلد ما يوفر التربة الجيدة لنمو الأدب وازدهاره.

-الأدب لا علاقة له بالسياسة، وهو منفصل عنها تماما في كل العصور.

ثالثًا: الاستماع

١. الرُّبى الرابط رقم (١): الاستماع إلى الصوت فقط

٢. الرُّبى الرابط رقم (٢): الاستماع إلى الصوت مع مشاهدة النص

الاستماع الأول:

- استمعوا إلى المحاضرة الآتية عن العصور المختلفة في تاريخ الأدب العربي، وأوضحوا ما إذا كانت العبارات السابقة تتفق أم تختلف ونص المحاضرة.
- صححوا إجاباتكم مع زملائكم.

الاستماع الثاني:

استمعوا إلى النص مرة ثانية، ثم اختاروا الصواب مما يأتي، مع التوضيح:

١.التمهيد يقدم لنا ملخصًا عن عصور الأدب المختلفة.

٢.التمهيد يقدم لنا خارطة زمنية لعصور الأدب المختلفة.

٣.التمهيد يقدم لنا المنهج الدراسي المقترح لدراسة الأدب العربي.

٤.التمهيد يقدم خارطة سياسية للدولة العربية.

٥.التمهيد يقدم رؤية للخارطة السياسية العربية في العصر الإسلامي.

رابعًا: أسئلة الفهم والتدريب

١. أكملوا الجمل الآتية مما فهمتم من التمهيد:

أ. .... هو الفترة السابقة على بعثة الرسول، وهي محددة بحوالي مائة وخمسين عاما أو أكثر قليلا.

ب. ما قبل العصر الجاهلي يعرف بـ..

ج. نعرف .... عن أدب الجاهلية الأولى.

د. .... ينتهي بنهاية الدولة الأموية.

ه. العصر العباسي الأول يبدأ من ....

و. العصر العباسي الثاني يمتد حتى ....

ز. العصر التركي يبدأ من سقوط بغداد حتى ....

٢. أجيبوا عما يأتي:

أ. ما العصر الذهبي للأدب؟

ب. ما الأحداث التاريخية والسياسية المرتبطة بالعصر التركي؟

٣. سؤال بحثي: (كتابة/ تقديم شفوي)

قارنوا بين الخريطة الزمنية لتوزيع العصور المختلفة للأدب العربي والخريطة الزمنية لتوزيع العصور المختلفة للأدب في بلدكم.

كلمات وعبارات مفيدة:

يبدأ - ينتهي - يختلف - يشبه - يوازي - يعتبر - يقارن

أكبر - أغنى - أقل - أبعد - أقدم - أحدث

بينما - في حين - ولكن - حيث إن - خلال - إلى حد بعيد - إلى حد كبير - على الإطلاق

٤. أكملوا الفقرات الآتية بكلمة مناسبة من الكلمات التي تسبقها:

أ. عصر - الأدب - يقسم - مرحلتين - القرنين - تمتد - الفترتين

.... كثير من العلماء تاريخ الأدب العربي إلى .... أساسيتين؛ الأولى أطلقوا عليها .... العربي الكلاسيكي، وقد كتبه عرب وغير عرب ما بين .... السادس قبل الميلاد والرابع عشر الميلادي، أما المرحلة الثانية (مرحلة .... النهضة العربية) فقد سموها مرحلة الأدب القومي الحديث، و.................. في القرنين التاسع عشر والعشرين الميلاديين.

وبدراسة ما بين .... يتضح تطور ملحوظ للأدب العربي، على مستوى لغوي عالٍ في الشعر والنثر، باستثناء فترات الاضمحلال والتراجع.[٢]

---

٢ مقتبسة بتصرف من "تاريخ الأدب العربي"، د. عمر هزاع.
http / /:www.al3ez.net /vb /printthread.php?t4766=

ب. يعتبر – عبرّ – مراحله – الازدهار – متطورًا

.... الشعر أقدم ما تركه الإنسان القديم وقد .... الأدب العربي عن الروح العربية في كل ....؛ في القوة والضعف، والبداوة والحضارة و............. والتخلف، مستفيدًا و.................من احتكاك العرب بغيرهم من الشعوب والحضارات، وتشير عدة مراجع إلى نهضات ثلاث سار فيها الأدب؛ وهي النهضة الجاهلية والأموية، والنهضة العباسية، ثم النهضة العربية الحديثة.

ت. مراحله – القرنين – الأدبية – تمهيد – تناول – الباب الأول – الشعر – احتوى – بداية – الباب – تناول – العشرين – جاء

يتضمن كتاب "من التصوف والإبداع الشعري في نيجيريا" مقدمة وأربعة أبواب رئيسة وخاتمة. .... الكاتب في التمهيد دور الثقافة الإسلامية والعربية والحياة .... والفكرية في تلك البلاد خلال .... التاسع عشر والعشرين وتأثيراتها في شخصيات العلماء والمفكرين.

وفي .... تحدث المؤلف عن معنى التصوف (Sufism) الإسلامي وطرقه في نيجيريا. ناقش آراء المسلمين والمستشرقين فيه، ثم تناول أهم الطرق الصوفية في نيجيريا ومناطق انتشارها، وترجم للكثير من كُتابها.

أما الباب الثاني فخصصه للحديث عن ....الصوفي، وتناول فيه .... الشعر الصوفي، وتطوره، و.......................، وخصائصه، وأغراضه (purposes) .

وفي الباب الثالث .... سِيرَ (biographies) بعض شعراء الطريقة القادرية الصوفية في نيجيريا خلال القرنين التاسع عشر و.....................

وفي ....الرابع تناول نماذج من إنتاج الشعراء القادريين في القرنين التاسع عشر والعشرين، وقد .... هذا الباب على أربعة فصول قسم فيها الشعر حسب الموضوعات الشعرية التي

.... بها في كتابه. وقام بعرض تحليلي للقصائد المختارة في كل موضوع من هذه الموضوعات. وفي النهاية حاول الكاتب بعد التحليل كشف بعض أهم القيم الفنية في القصائد.[٣]

الرُّبى الرابط رقم (٣): لمزيد من القراءات عن الأدب العربي وتاريخه، اتبعوا الرابط في موقع كتاب الرُّبى، أو ابحثوا في محرك جوجل عن: "تاريخ الأدب العربي عمر هزاع."[٤]

---

٣ "من التصوف والإبداع الشعري في نيجيريا" (بتصرف)، الخضر عبد الباقي محمد.
٤ http://www.islamic-sufism.com/article.php?id=972
http://www.startimes.com/f.aspx?t=18918438

فن القص عند العرب

أولاً: المفردات

١. أي الكلمات أو العبارات الآتية تتوقعون ورودها في محاضرة تقدم تمهيدا عن "فن القص عند العرب"؟

الشعر - وسيلة - تسجيل - تاريخ - الترغيب - الترهيب - البخلاء - الحمقى - ظهور - اعتمد - الوافد - المبدع - المُحدَث - السرد - المذاق - المزج - الوافد الغربي - البُعد - الشخصيات - ملامح - الرائد - معتاد - طبقات - يصور - خصوصية - براعة - حارة - التراث - تأثير - استلهم - خضع - يُسهم في - المنجَز - لهجة - الازدواج - الصوفية - ركيزة - طِبَاع - المسلمون - الأسطورة

راجعوا مع زملائكم الكلمات أو العبارات التي اخترتموها، وأدخلوها في جمل يمكن أن تكون في المحاضرة.

٢. اكتبوا جمع كل من الكلمات الآتية:

تفصيل - فن - طبقة - حول - لهجة - كتابة - مقامة - طابع - قرية - نكسة - ملمح - تفاعُل

٣. اكتبوا مفرد كل من الكلمات الآتية:

أساطير - بعثات - نهايات - عصور - فترات - خلفاء - قصائد - رسل - روايات - ملخصات - دراسات -رؤى

٤. موسوعتي الصغيرة (في البيت)

ابحثوا في الإنترنت عن بعض المعلومات المتعلقة بالشخصيات والمصطلحات الآتية، ثم اكتبوا عن ثلاث منها ثلاث فقرات لا تتجاوز سطور إحداها خمسة أسطر:

الجاحظ - الصوفية - المقامات - ابن عربي - ألف ليلة وليلة - الأساطير - السيرة النبوية - قصص الترغيب والترهيب

راجعوا نتائج بحثكم مع زملائكم، مضيفين ما لم تحصلوا عليه من معلومات إلى ما كتبتم، مع التصحيح والتدقيق للمعلومات غير الصحيحة.

ثانيًا: قبل الاستماع إلى المحاضرة

ستستمعون إلى محاضرة عن "فن القص عند العرب". اكتبوا ثلاثة أسئلة تتوقعون أن تجيب عنها هذه المحاضرة.

ثالثًا: الاستماع

١. الرُّبى الرابط رقم (١): الاستماع إلى الصوت فقط

٢. الرُّبى الرابط رقم (٢): الاستماع إلى الصوت مع مشاهدة النص

الاستماع الأول:

١. استمعوا إلى النص، ثم حددوا ما إذا كان النص قد أجاب عن كل الأسئلة التي توقعتم أن تحصلوا على إجابات لها.

٢. ما الأسئلة التي أجاب عنها النص ولم تكن مذكورة بين أسئلتكم؟

٣. ما الشخصيات والعبارات التي بحثتم عنها في الإنترنت ووردت في المحاضرة؟ وما سياق ورودها في المحاضرة؟

الاستماع الثاني:

استمعوا إلى النص، وضعوا علامة بجانب ما هو صحيح، بحسب ما فهمتم:

١. عرف العرب القص قبل الشعر. ( )

٢. القص استخدم لتسجيل الأحداث التاريخية وسير الأبطال. ( )

٣. ظهور الإسلام أسهم بصورة واضحة في تطور فن القص وأغراضه. ( )

٤. الثقافة الغربية ساعدت على تطور فن القص، إلى أن وصل إلى الصورة التي نعرفه بها اليوم. ( )

٥. بالرغم من تأثُّر بعض كتاب العرب بالقصص والروايات الغربية في أسلوب الكتابة، فإنهم حافظوا على الطابع المحلي في كتاباتهم. ( )

٦. الطابع الخاص بالثقافة العربية ظهر في جيل الرواد، ولكنه لم يستمر في الأجيال التالية. ( )

٧. لم تتأثر أعمال الكتاب العرب كثيرًا بالأحداث السياسية والاقتصادية التي توالت في القرن العشرين قدر ما تأثرت بالطابع الثقافي الغربي. ( )

الاستماع الثالث:

إستمعوا ورتبوا الجمل الآتية زمنيًا:

- كتب هيكل رواية "زينب" في باريس، وأبرز فيها الطابع الثقافي والبيئي للريف المصري.
- اهتم المسلمون بتاريخ الأمم السابقة وبتدوين السيرة النبوية بطريقة قصصية.
- تأثر السرد بالتعريب كما في "كليلة ودمنة."
- الشعر كان وسيلة العرب لتسجيل تاريخهم وحياتهم اليومية.
- بديع الزمان الهمذاني هو أول من كتب المقامات.
- ركز العرب على وصف الشخصيات وطباعها.

الاستماع الرابع:

استمعوا، ثم أكملوا بحسب المعلومات التي وردت في النص:

١. تأثر الأدب العربي بالأعمال الغربية لتولستوي وهيمنجواي وجي دي موباسان، ولكنه حافظ على ....

٢. ظهر الحرص على الطابع الخاص للثقافة العربية في جيل ....

٣. صوَّر نجيب محفوظ ....

٤. ركز محمود طاهر لاشين على ....

٥. استلهم جمال الغيطاني ....

٦. من أهم الملامح المميزة للكتابة القصصية العربية ....

٧. حرص نجيب محفوظ على .... العامية .... بينما مزج .... بين العامية والفصحى، وأنطق الشخصيات بـ............... وقام .... بكتابة أعمال كاملة بالعامية.

٨. نرى في أعمال صنع الله إبراهيم ....

٩. عبرَّ الروائيون العرب مثل .... و.......... .... عن علاقة الشرق بالغرب.

رابعًا: أسئلة الفهم والتدريب

١. أكملوا الجدول الآتي بالبيانات الناقصة:

الكاتب	العمل الأدبي	سبب ذكره في النص
الجاحظ		
بديع الزمان الهمذاني		
	"زينب"	
	"القاهرة ٣٠"	
	"قنطرة الذي كفر"	
يحيى حقي		

٢. أجيبوا عن هذه الأسئلة بحسب ما فهمتم من النص:

أ. "لا يختلف اثنان على أن التحولات السياسية والاقتصادية والاجتماعية التي مرت بها المجتمعات العربية قد أثرت على نحو واضح في الروايات والقصص العربية."

وردت هذه العبارة في نص الاستماع. دونوا بعض الملاحظات التي تمكنكم من شرح العبارة السابقة مدعمين إجاباتكم بالأمثلة التي وردت في النص.

ب. "حرص كُتّاب السرد العربي المحدثون—منذ البداية—على البعد المحلي في كتاباتهم، على الرغم من اعتمادهم الكبير على الإبداع الغربي."

اشرحوا هذه الجملة في ضوء فهمكم للنص المسموع.

٣. سؤال بحثي (في البيت):

تعتبر محاضرة اليوم ملخصًا تمهيديًا لفن القص العربي، إدخلوا علي موقع **الرُّبى** الرابط رقم (٣):

اقرأوا في موقع "الربى" مقالاً بعنوان "التحولات المجتمعية وأثرها علي النص الأدبي: قراءة في تطور الرواية المصرية،" للكاتب عبد الرحمن أبو عوف. أو ابحثوا في جوجل عن: "التحولات المجتمعية تطور الرواية عبد الرحمن أبو عوف،" ثم قوموا بالأنشطة الآتية:

أ. قارنوا بينه وبين موضوع المحاضرة، مع:

- **تحديد** أوجه الشبه والاختلاف بين الموضوعين.

- **تلخيص** بعض الأفكار الجديدة التي وردت في نص القراءة، ولم ترد في المحاضرة المسموعة.

ب. استعدوا لحوار مفتوح في الصف عن " أثر التحولات المجتمعية والسياسية في النص الأدبي العربي."

خامسًا: التوسع وبناء المفردات

١. هاتوا الأفعال التي تشترك في الجذر مع الكلمات الآتية:

الشعر - ترغيب - ترهيب - تاريخ - المسلمون

٢. اكتبوا جذر كل من الكلمات الآتية، ثم كوّنوا من كل جذر ثلاث كلمات جديدة، واستخدموها في جمل من إنشائكم:

وسيلة - تسجيل - الترغيب - الترهيب - البخلاء - اعتمد - الوافد - المبدع - السرد - تراث - المذاق - المزج - الوافد الغربي - البُعد - الشخصيات - ملامح - الرائد - براعة - استلهم - الازدواج - ركيزة - طِبَاع - الأسطورة

٣. ابحثوا في النص عن كلمة أو عبارة أخرى بمعنى :

دعامة - استند على - طعم - شكل - الحكي - صفات الشخصية - مهارة - الفنان الأصيل - التخويف - طريقة

٤. اكتبوا عكس الكلمات الآتية:

الترغيب - الرائد - التحوُّل - إسكات

٥. استخرجوا الأدوات والعبارات التي استخدمها المحاضر في محاضرته للربط بين الأفكار المختلفة، واذكروا الغرض منها (مثل: المقارنة - التأكيد - الإضافة . . . إلخ).

محمود طاهر لاشين

التمهيد

١- من أهم رواد القصة القصيرة في الأدب الإنجليزي/ الامريكي/ الفرنسي/ إلخ ..
٢- قارنوا بين هؤلاء الرواد موضحين السمات المشتركة بينهم.
٣- إذكروا أحب القصص القصيرة علي قلوبكم و إحكوا إحداها لزملائكم.

أولاً: القراءة الأولى

اقرأوا النص عن محمود طاهر لاشين ثم أجيبوا عن الأسئلة الآتية:

١. ما الأسئلة التي أجاب عنها هذا النص؟
٢. التواريخ الآتية علامات في حياة محمود طاهر لاشين، اكتبوا عن أهمية كل تاريخ في حياته أو الحدث المرتبط بهذا التاريخ بحسب فهمكم للنص.

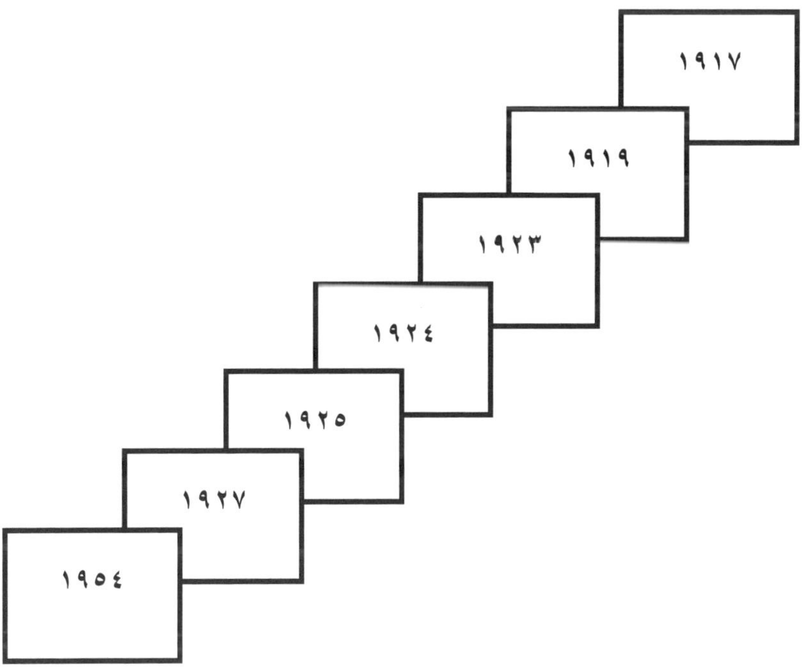

محمود طاهر لاشين

يعتبر محمود طاهر لاشين أبرز كتاب القصة القصيرة طوال العشرينيات، حتى منتصف الثلاثينيات؛ إذ بدأ إنتاجه سنة ١٩٢٤، ونشر أولى قصصه بعنوان "صح،" وقد أثرت هذه القصة تأثيراً واضحاً في حركة القصة القصيرة.

ينتمي لاشين إلى المدرسة الأدبية التي سمت نفسها 'المدرسة الحديثة،' والتي تزعمها أحمد خيري سعيد، ورأس تحرير مجلتها الفجر: "صحيفة الهدم والبناء،" وصدر عددها الأول في ٨ يناير ١٩٢٥م، واستمرت في الصدور حتى ١٣ يناير ١٩٢٧م.

عاش لاشين في شبابه فترة ثورة ١٩١٩ التي شجعت المصريين على تأكيد هويتهم؛ إذ رفعت شعار "مصر للمصريين،" وبعدها ظهرت الهوية المصرية في الفنون والآداب، كما هي في موسيقى سيد درويش، ولوحات محمود سعيد، وتماثيل محمود مختار. كذلك تم تأسيس شركة مصر للتمثيل والسينما التي عرفت باسم "ستوديو مصر." وظهرت هذه الروح على المستوى السياسي بصدور دستور ١٩٢٣، وظهور ملامح الاقتصاد المصري على يد طلعت حرب الذي أسس بنك مصر.

ولد لاشين في ٧ يونيو ١٨٩٤ بمنزل أسرته في حارة حسني بالسيدة زينب، وعاش طفولة مستقرة نسبيًا؛ إذ كان ينتمي إلى الطبقة الوسطى؛ فوالده كان ضابطًا كبيرًا بالجيش، وكان مولعًا بالكتب والقراءة. وتعود أصول أسرته إلى منطقة البلقان؛ فأبوه من منطقة البوسنة وأمه تركية أو جركسية، أما هو فقد ولد في مصر وعاش كأي مصري. وأما أخوه فدرس في أوربا، وكان مهتما بالمسرح، فأسس فرقة "جمعية أنصار التمثيل."

تخرج لاشين من مدرسة (كلية) الهندسة عام ١٩١٧، ثم عمل في الحكومة حتى استقالته قبل الستين بقليل، وتوفي في ١٧ أبريل ١٩٥٤؛ أي في تلك الفترة التي شهدت ظهور المجموعة القصصية الأولى ليوسف إدريس "أرخص ليالي."

تأثر لاشين كثيرًا بتشيكوف في الرؤية والأسلوب والموقف الفلسفي من الحياة والإنسان، وقام في الأدب المصري بدور يماثل دور تشيكوف في الأدب الروسي؛ حيث حرر القصة المصرية من السطحية والمباشرة واللعب اللفظي، وركز على العلاقة بين الأدب والمجتمع، معتمدًا على لغة جمالية خاصة، مع البحث عن المصرية والمعاصرة معًا.

استخدم لاشين أساليب أدبية متنوعة؛ ومن ذلك كتابة القصة في صورة رسالة، وتعدد الرواة في القصة الواحدة، واستخدام القناع التاريخي والأسطوري، واستخدام أسلوب المذكرات، وتقديم الصورة الكاريكاتورية واللوحة الوصفية الساخرة.

أبدع لاشين عددًا من المجموعات القصصية؛ هي: "سخرية الناي،" "يحكى أن،" "النقاب الطائر،" بالإضافة إلى قصص لم تنشر في مجموعة، ومن رواياته المهمة "عذراء دنشواي،" و"حواء بلا آدم."

ثانيًا: القراءة الثانية

اقرأوا النص عن محمود طاهر لاشين مرة ثانية، ثم أجيبوا عن الأسئلة الآتية:

١. ضعوا علامة (✓) أمام الإجابة الصحيحة، وصححوا الإجابات غير الصحيحة:

أ. من الأعمال الأدبية الأولى لمحمود لاشين قصة "صح." (   )

ب. كتب لاشين في مجلة "الفجر" حين كان شابًا. (   )

ج. تأثر لاشين بالبحث عن الهوية المصرية وتأكيدها. (   )

د. شجع صدور دستور ١٩٢٣ على الحركة القومية في الأدب. (   )

هـ. ولد لاشين ونشأ في أحد الأحياء الشعبية بالقاهرة. (   )

و. انتمى ضباط الجيش في القرن التاسع عشر إلى الطبقة الأرستقراطية من الشعب. (   )

ز. لاشين كاتب من أصل مصري. (   )

ح. اهتم لاشين بالمسرح، ودرس الفن في أوربا. (   )

ط. عمل لاشين مهندساً في الحكومة حتى سن الخمسين. (   )

ي. التزم لاشين في كتاباته بالشكل التقليدي التراثي في القص. (   )

ك. من أشهر قصص لاشين القصيرة "عذراء دنشواي" و"حواء بلا آدم." (   )

ل. كتب لاشين القصة في العشرينيات والثلاثينيات من القرن العشرين. (   )

٢. أكملوا بحسب فهمكم للنص:

أ. صدر العدد الأول لمجلة "الفجر" عام ------------------
------------------------------.

ب. شجعت ثورة ١٩١٩ المصريين على ------------------
------------------------------.

ج. من آثار ثورة ١٩١٩ في الفن والأدب ------------------
------------------------------.

د. أسس طلعت حرب ------------------------
--------------------------.

هـ. والد لاشين كان ------------------------ و-----
--------------------------.

و. تأثر لاشين في أدبه بـ--------------------------
------------------------.

ز. ركّز لاشين في أدبه على ------------------------
--------------------------.

ح. استخدم لاشين في كتابة القصة ----------------------
------------------------------.

٣. أجيبوا عن هذه الأسئلة :

"تأثر لاشين كثيرًا بتشيكوف في الرؤية والأسلوب والموقف الفلسفي من الحياة والإنسان، وقام في الأدب المصري بدور يماثل دور تشيكوف في الأدب الروسي، حيث حرر القصة المصرية من السطحية والمباشرة واللعب اللفظي، وركز على العلاقة بين الأدب والمجتمع، معتمدًا على لغة جمالية خاصة، مع البحث عن المصرية والمعاصرة معًا."

أ. على كل من الطلاب أن يشرح لزميل أو زميلة هذه الفقرة، مع الاستعانة بالمعلومات الواردة في مقال محمد جبريل: "المدرسة الحديثة . . . جيل ما بعد الريادة."

الرُّبى الرابط رقم (١): رابط المقال في موقع "الربى"

الرُّبى الرابط رقم (٢): يمكنكم أيضا أن تبحثوا في محرك جوجل عن "جيل ما بعد الريادة محمد جبريل."

ب. اكتبوا عن لاشين بعض المعلومات التي ترون أنها تخدم التعريف بالكاتب، من نص "المدرسة الحديثة . . . جيل ما بعد الريادة."

ثالثًا: التوسع وبناء المفردات

١. اقرأوا النص مرة أخيرة، وحددوا معنى كل من الكلمات الآتية كما وردت في النص مستعينين بالقاموس:

ينتمي إلى - سخرية - اللوحة - الراوي - القناع

٢. هاتوا جذور الكلمات السابقة، ثم كوّنوا منها أكبر عدد من الكلمات الجديدة، وأدخلوها في جمل توضح معناها.

الجذر	الكلمات الجديدة	الجمل
-----	---------	--------------------
-----	---------	--------------------
-----	---------	--------------------
-----	---------	--------------------
-----	---------	--------------------
-----	---------	--------------------

٣. هاتوا مفرد الكلمات الآتية:

رواة – أساليب – تماثيل – ملامح

٤. هاتوا عكس:

صح – الهدم – مولع بـ – مهتم بـ

٥. هاتوا جمع:

رؤية – فرقة – قناع – موقف – ضابط – دستور– شعار

رابعاً: سؤال بحثي:

عند الحديث عن المدرسة الحديثة جاء ذكر عدد من الأسماء اللامعة في شتى المجالات الفنية والأدبية، مثل: محمود مختار، سيد درويش، طلعت حرب. ابحثوا عن معلومات عن هؤلاء العمالقة، وعلى كل من الطلاب إعداد عرض عن أحدهم، وعن أهم أعماله.

"من مذكرات سيدنا نوح" لمحمود طاهر لاشين

المفردات

- **أطاق (ـه)، يـُطيق، الإطاقة (ط و ق)**

= قـَدَر عليه

to bear; to be bearable; to stand

البرد في القطب الشمالي لا يـُطاق؛ لذلك لا حياة فيه.

- **احتمل، يحتمل، الاحتمال (ح م ل)**

= أطاق

to bear

لم يحتمل طول العرض السينمائي، فخرج يدخن سيجارة.

- **أَجَل، ج. آجال (ء ج ل)**

= مدة الشـيء. ويقال «جاء أجله» إذا اقترب موته.

appointed time of death

يجب أن نضع المنتجات الغذائية قصيرة الأجل في جهاز التبريد حتى نستطيع أن نحافظ على عناصرها الغذائية المفيدة لمدة أطول.

- **حَسِب، يـَحْسَب، الحُسبان (ح س ب)**

= ظن واعتقد

to think (that)

حسبت أنه مريض، ولذلك اتصلت أسأل عن صحته.

- **شهادة (ميلاد)، ج. شهادات (ش هـ د)**

= ورقة رسمية فيها اسم الطفل المولود ومحل الميلاد وتاريخه

birth certificate

بعد إدخال نظام الحكومة الإلكترونية في مصر، أصبح من السهل استخراج شهادات الميلاد من خلال الكمبيوتر بدون الحاجة إلى السفر بين المحافظات بحثًا عن السجلات الأصلية.

- **رَجَع (إلى)، يـَرْجِع، الرجوع (ر ج ع)**

= عاد

to refer to

كلما صادفتني كلمة صعبة عند القراءة أرجع مباشرة إلى القاموس لأفهم معناها.

- **أوشك (و ش ك)**

= اقترب من أن يفعل شيئًا

to be on the verge of doing something; to be close to almost

في شهر ديسمبر، عندما توشك السنة أن تنتهي، أجلس لأتأمل أحداث السنة الماضية وأراجع نفسي.

- **تـَخـَطـَّى، يتخطى، التخطي (خ ط و)**

= تجاوز، ابتعد خطوة أو خطوات عن

to overstep

لم يستطع الطالب أن يتخطى صعوبة الكلمات لفهم النص فهماً عامًا شاملاً، فألحقه الأستاذ بمستوى دراسي أقل.

- **جيل، ج. أجيال (ج ي ل)**

= الناس الذين يولدون ويعيشون في فترة متقاربة، ثلث القرن يتعايش فيه الناس

generation

كثير من أبناء جيل الستينيات من الشعراء لا يعترف بشعر الأجيال الجديدة، وخصوصًا من يكتبون قصيدة النثر.

- **لعين (ل ع ن)**

= مـَن يـُلعَن، واللعنة: الطرد والإبعاد عن الخير

cursed; damed; detested; abominable

يعتبر الناس السرطان مرضًا لعينًا يحتاج إلى مزيد من الدراسات بهدف التوصل إلى علاج له.

- **اطـِّراد (ط ر د)**

= استمرار وتتابع

regular sequence; uninterrupted; continuing

ظل المطر يهطل باطراد بغير انقطاع لساعات طويلة؛ فأنبتت الصحراء.

- **كافر، ج. كافرون/ كُفار/ كـَفـَرَة (ك ف ر)**

≠ عكس: مؤمن

irreligious; nonbelieving; infidel

حارب الكفار في شبه الجزيرة العربية النبي محمدًا ورسالته في القرن السابع الميلادي.

- **كاد (لـ/ إلى)، يـكيد، الكيد (ك ي د)**

= حاول الإضرار بغيره من غير أن يعلن ذلك

to plot or conspire against someone or to contrive his downfall

كاد الحزب الحاكم لرئيس الحزب المعارض حتى أدخله السجن.

- **أغرى (شخصًا بـ)، يـُغري، الإغراء (غ ر و)**

= دفع (شخصًا) إلى شيء أو حببه فيه

to make covetous; to allure; to tempt; to seduce

أغراه الثراء السريع، فلجأ إلى سرقة خزينة الشركة التي يعمل بها ليشتري قصرًا ويبدأ شركته الخاصة.

- **توافـَد (الناس)، يتوافـَد، التوافُد (و ف د)**

= جاءوا جماعة بعد جماعة

to arrive together; to flock

توافد السائحون على المتحف المصري أفواجًا ليشاهدوا كنوز الملك توت عنخ آمون.

- **فَجّ، ج. فِجاج (ف ج ج)**

= الطريق الواسع البعيد

a way; a wide distant road

بعد عمله بالسياسة جاءت إليه المشاكل من كل فجاج الأرض.

- **حَام (حوله)، يَحُوم (ح و م)**

= دار حوله

to hover; to circle; to orbit

عندما ظهرت عليه علامات الغنى المفاجئ، حامت حوله الشكوك، وظن البعض أنه سارق الخزينة.

- **نحْلة، ج. نحْل (ن ح ل)**

= نوع من الحشرات يخرج العسل

bee

أوصى النبي المؤمنين بعسل النحل ؛ لأن فيه شفاءً للناس.

- **أبى (الشيء)، يأبى، الإباء (ء ب ي)**

= رفضه، بسبب الكره وعدم الرضى

to refuse; to decline

أبى الضابط أن يعطي أسرار بلده لأعدائه عندما وقع في الأسر.

- **شَرَع (في)، يَشرْع، الشروع (ش ر ع)**

= بدأ في عمل شيء

to commence; to go into; to begin; to start (something)

شرع الخطيب يعدد فوائد اتحاد الأمة بكل عناصرها في مقاومة الغزو الاستعماري والثقافي الحالي.

- **خَطَفَ، يخْطِف أو خَطِفَ، يَخْطَف (الشيء أو الشخص) (خ ط ف)**

= جذبه وأخذه بسرعة

to snatch; to seize; to grab

خطف الغراب الطعام من يد الطفل الجالس تحت الشجرة؛ فبكى.

- **أفْسد، يُفْسد (الشيء أو الشخص)، الإفساد (ف س د)**

= جعله غير صالح

to spoil (someone or something); to deprave; to corrupt;

أراد أن يختلي بنفسه للصلاة والتأمل، فأفسد عليه أصدقاؤه ذلك بزيارتهم المفاجئة.

• **بهلوان، ج .بهلوانات (ب هـ ل)**

= الماهر في نوع من الألعاب، كالمشي على الحبل

rope dancer; acrobat tumbler; tightrope walker

ذهبنا إلى السيرك القومي واستمتعنا بالعرض الذي قدمه البهلوان على الحبل.

• **شـَقّ (على شخص)، يشُقّ، الشَقّ (ش ق ق)**

= كان صعبًا متعبًا

to be troublesome; to be tiresome; to be difficult for s.o.

ذهبنا إلى سيناء، وتعبنا من السير على الرمال والصخور، لكن رحلة الصعود إلى جبل موسى كانت أشق بكثير.

• **ريش (ر ي ش)**

= الغطاء على جسم الطائر

feathers

يعد ريش النعام من أغلى أنواع ريش الطيور المستخدم في صناعة المفروشات المنزلية، ويدل استخدامه على الرفاهية.

• **نَـسرْ، ج. نُسور (ن س ر)**

= طائر قوي النظر والجسم، له جناحان كبيران، سريع المشي بطيء الطيران

eagle

النسور من الطيور الجارحة التي تعيش في أوراسيا وأفريقيا غالبًا، وتختلف عن الطيور الجارحة الأخرى من حيث كبر حجمها وقوة بنيتها.

• **اصْـطاد، يَصْطاد، الاصطياد (ص ي د)**

= صاد بصعوبة؛ صاد: أمسك طائرًا أو حيوانًا بمصيدة أو شبكة

to hunt; to fish

قضيت ساعة كاملة حتى تمكنت من اصطياد هذه السمكة الضخمة.

• **لا داعِي (لـــ) (د ع و)**

= لا سبب يؤدي إليه أو يشجع عليه

there is no cause /no need to; it is not necessary

لا داعي لأن تأتي لزيارتي في المستشفى، ويكفيك الاتصال بالتليفون للاطمئنان على صحتي.

• **بليد، ج. بُلداء (ب ل د)**

= قليل الذكاء والقدرة على اتخاذ القرارات

dull-witted; stupid; idiotic

الناس يصفون البليد بأنه حمار، على الرغم من أن الحمار ذكي جدًا.

- **اقتضى، يقتضي، الاقتضاء (ق ض ي)**

= استلزم؛ إستوجب

to require; to demand

قال وزير الخارجية الأمريكي إن الولايات المتحدة ستهاجم القوات الليبية جوًا، وقد تحاصرها بحرًا إذا اقتضى الأمر ذلك.

- **خطَرَ، يخطُر (خ ط ر)**

= جاء إلى الذهن

to occur to someone's mind

لم يخطر بذهن الطالب وهو يغش الإجابة من زميله أن قاعة الامتحانات بها كاميرات تراقب الطلاب، فانكشف أمره.

- **خاطِر (خ ط ر)**

= فكرة أو رأي أو معنى يأتي إلى الذهن

an idea or thought that comes to one's mind

ظل الولد يجوب الشوارع جائعاً فراوده خاطر أن يسرق، لكنه تراجع بسبب الخوف.

- **طِلاء (ط ل ي)**

= دهان وتلوين

paint (as for walls)

يهتم غالبية الناس بألوان المفروشات ولكنهم لا يعطون اهتمامًا مماثلاً لطلاء الحائط، وفي أغلب الأحيان يختارون الطلاء بلون واحد لجميع غرف المنزل.

- **تكريم (ك ر م)**

= وضع شخص في منزلة عالية

honoring; praising; recognizing; paying homage to

أقامت المدرسة حفلاً لتكريم أوائل الطلبة والفائزين في مسابقات الأنشطة.

- **حمَل (ـه) على (ح م ل)**

= دفعه إلى فعل أو شعور

to force someone to do something

عند التحقيق في القضية، كانت الأدلة كلها تشير إلى السارق؛ وهو ما حمله على الاعتراف بجريمته وعدم الإنكار.

- **عناد (ع ن د)**

= التمسك بالرأي وعدم النزول عنه

stubbornness; intransigence

الأم قد لا تحقق كل طلبات الطفل، في حين أن الطفل يصر عليها، وهي تصر على العكس فيكبر الطفل على العناد.

- **اكتراث (ك ر ث)**

= اهتمام

caring about; interested in; concerned with

كثيرًا ما يستمع الناس بعضهم إلى بعض بدون اكتراث، فلا يفهمون رسالة المتكلم.

- **أوى إلى (مكان)، يأوي (ء و ي)**

= ذهب إليه يطلب المساعدة أو الحماية

to go to (a place) for help; to seek refuge

بعد يوم عمل شاق، طويل أويت إلى فراشي للاسترخاء.

- **عَصَم، يعصِم، العِصمة (ع ص م)**

= حمَى من الخطر

to protect (someone) from danger

أخلاق الأمم وتمسكها بمبادئها الدينية وتراثها الثقافي والإنساني هو ما يعصم أفرادها من الخطأ.

- **هَطَل (المطر)، يهطِل، الهُطول (هـ ط ل)**

= نزل المطر بقوة

to shower (rain); to pour down

توقعت هيئة الأرصاد الجوية استمرار هطول الأمطار اليوم في معظم المناطق، أما الحرارة فستكون أدنى من معدلاتها بحوالي ٣ درجات مئوية.

- **تداعَى، يتداعى، التداعي (د ع و)**

= سقط تدريجيًا؛ إنهار

to collapse

ضرب زلزال عظيم القاهرة في أكتوبر عام ١٩٩٢ فتداعى الكثير من المباني الأثرية، ذات القيمة المعمارية النادرة.

- **عويل (ع و ل)**

= الصوت المرتفع المصاحب للبكاء

wailing

مع كل مذبحة إسرائيلية ضد الشعب الفلسطيني يرتفع عويل الأمهات والأمم العربية؛ ومع ذلك يتكرر الفشل في التوصل لحل قاطع يمنع تكرارها.

- **غوث (غ و ث)**

= مساعدة

rescue; help; relief

تعرف وكالة "الأونروا" بالأمم المتحدة بوكالة الإغاثة أو "وكالة غوث اللاجئين"؛ حيث إنها تقوم بإغاثة اللاجئين الفلسطينيين وتشغيلهم.

- **تعالى، يتعالى، التعالي (ع ل و)**

= ارتفع

to rise gradually (as in voice or prestige)

تعالت الأصوات التي تطالب بالحرية، حين قامت ثورة يناير ٢٠١١، وكانت من قبل همسًا لا يسمعه أحد.

- **فـزَع (ف ز ع)**

= خوف شديد

panic; terror

أثارت إنفلونزا الخنازير الفزع في المجتمع الدولي والعالم العربي، حتى إن د.حاتم الجبلي وزير الصحة المصري آنذاك قال: "إن درجة الاستعداد الحكومية عالية للغاية، وستواجه جميع الاحتمالات حتى مسألة المقابر الجماعية لضحايا الوباء".

- **دَرَى، يدري، الدِراية (د ر ي)**

= عَرَف وعَلِم

to be aware of; to know

وجدوه ميتًا في شقته، ولا يدري أحد حتى الآن السبب الحقيقي لموته.

- **لجأ إلى (شخص أو مكان أو مؤسسة)، يلجأ، اللجوء (ل ج ء)**

= ذهب إلى (شخص أو مكان أو مؤسسة) يطلب المساعدة أو الحماية

to have recourse to someone or to a place

لم يستطع السارق إقناع القاضي ببراءته، فلجأ إلى الدموع ليستعطفه.

تمكنت إيمان ابنة أسامة بن لادن (١٧ عامًا) من الإفلات من رقابة السلطات الإيرانية، أثناء جولة تسوق، ولجأت إلى السفارة السعودية في طهران.

- **هدوء (هـ د ء)**

= عدم وجود أي صوت أو مصدر للإزعاج. عكس: صخب وضجيج

quietude; tranquillity

الهدوء يعني سلام الروح وصفاء الذهن والثقة بالذات التي تنتج مشاعر متزنة. بالرغم من توقف العمليات العسكرية الفلسطينية في غزة فإن رئيس جهاز "الشاباك" الإسرائيلي (الأمن الداخلي) زعم أن بعض التنظيمات الفلسطينية سترجع إلى العمليات العسكرية، مع مرور الوقت.

- **طمأنينة (ط م ن)**

= ثقة وعدم قلق

tranquillity; repose; serentiy

صرخ الطفل لصوت الرعد، وسرعان ما شعر بالطمأنينة عندما احتضنته أمه، فلم يعد يشعر بالقلق من الصوت المدوي.

ليست السعادة في وفرة المال ولا كثرة الأولاد، بل إنها شيء يشعر به الإنسان: صفاء نفس وطمأنينة قلب وراحة ضمير.

- **غِبطة (غ ب ط)**

= السعادة وحسن الحال

rapture; ecstasy

لأول مرة يشعر بالغبطة. كانت تتجاهل نظراته، وأخيرًا شعر بالغبطة حين رآها تنظر إليه لأول مرة وتبتسم.

تدريبات على مفردات " من مذكرات سيدنا نوح"[٥]

١. ضعوا دائرة حول الكلمة الغريبة (من حيث المعنى أو المجال) في كل مجموعة:

أ. أَجَل - عصر - جيل - بهلوان

ب. أطاق - صبر - اصطاد - احتمل

ج. كافر - لعين - فج - بليد

د. شهادة - نسر - ريش - نحلة

ه. شرَع - اقترب - حسب - أوشك

٢. ضعوا حرف الجر المناسب:

أ. ترجع أهمية انعقاد المؤتمر في هذا الوقت .... التطور الاقتصادي والتجاري لدول المنطقة.

ب. أوشك الجانبان الفلسطيني والإسرائيلي .... التوصل إلى اتفاق بشأن إعادة الانتشار الإسرائيلي.

ج. في بداية القصة يكيد إخوة يوسف .... أخيهم ويقررون قتله.

د. توافد عشرات الآلاف من الحجاج .... المملكة العربية السعودية خلال الأسبوع الماضي.

ه. قبل أن تشرع القوات البرية .... الهجوم، هاجمت الطائرات كل المطارات.

و. كم يشق .... نفسي المجيء إلى هنا، والعيون تراقبني طوال الطريق!

---

٥ صححوا إجاباتكم من على الموقع الإلكتروني للكتاب.

٣. اكتبوا كل جمع لكل كلمة من الكلمات الآتية في جملة:

نحلة – أجل – شهادة – جيل – كافر – فَج – بهلوان – بليد

٤. أكملوا الجمل الآتية بكلمات من بين الأقواس:

(يغري – فج – النحل – يوشك – تخطَّت – الأجيال – يأبى – ريش – يفسد – بهلوان)

أ. في هذا القرن الذي .... أن ينتهي، شهد العالم الكثير من الحروب.

ب. .... الحكومة الأردنية أمس أول عائق أمام خطة الإصلاحات المقترحة.

ج. لأن .... القادمة لها حق في الموارد الطبيعية و الثروات، يجب علينا ترشيد استغلالها.

د. إن التاريخ الحديث .... الكثير من الكتاب بإعادة قراءة أحداثه والكتابة عنه من منظور جديد.

ه. يأتي الناس إلى الحج من البلاد المجاورة ومن كل .... بعيد.

و. ينتقل بنا الحديث من شأن إلى شأن مثل انتقال .... بين الزهور.

ز. صحته جيدة، وهو .... أن يقعد في البيت، على الرغم من وصوله إلى سن السبعين.

ح. تضايق لأنها دعت صديقها هذا، لكنه لم يحب أن .... المناسبة، واستقبله أحسن استقبال.

ط. كان الطقس يتغير كل يوم كالـ........................ الذي لا يمكن التنبؤ بحركته الآتية.

ك. كريم كان في السادسة عشرة، وكالطاوُس نفش ....ـه وذهب إليها يغازلها.

٥. أكملوا النصف الآخَر من الجمل الآتية:

أ. لا تحمِّل قلبك ما لا يطيق، ولا ....
....

ب. يجب أن أجد شريكا لحياتي. لم أعد أحتمل الحياة ....
....

ت. الرئيس: إن ما يحدث اليوم في توشكى هو من أجل الأجيال القادمة ....
....

ث. شهد مطار بيروت الدولي نشاطًا أكثر اطرادا؛ حيث ....
....

ج. أغرته شعبيته بخوض مغامرة السياسة؛ ....
....

ح. هناك من النساء من يحوم حولي، وقد يسرقنني منك. ألا تشعرين بالغيرة ...
....

خ. انتهز هذه الفرصة، وخطف العصا من يده، ووقف ينظر نحوه بحذر ......
....

د. تعلموا في السيرك، ثم دخلوا إلى السياسة ليلعبوا دور البهلوانات ....
....

ذ. عرفت أنه لن يفهم مثل هذا الكلام الرومانسي، وأنها لن تستمر معه في هذه العلاقة ....

ر. كان يصطاد طوال اليوم، ولا يتوقف إلا ليشوي السمك: يتغدى به أو .....
....

٦. اكتبوا كلمة مشابهة لما يأتي في الوزن ثم ضعوها في جملة:

حسِب:

تخطّى:

اطَّرد:

تَوافَد:

اصطاد:

٧. أكملوا الجمل الآتية بكلمات جديدة:

أ. بالرغم من أنني لا .... الاحتلال، وأكرهه كما لم أكره شيئًا في حياتي، فإن احتلالها لقلبي هو الشيء الوحيد الذي أتمنى أن يطول.

ب. ....ـتُها في البيت، فذهبت لزيارتها، ولكنها للأسف لم تكن موجودة.

ت. ذكر أن الفرنسية جين كالمنت هي أكبر شخص معمَّر في العالم بـ............ ميلاد موثقة تثبت أن سنها ١٢١ عامًا.

ث. وترجع أهمية التقرير إلى تركيزه الشديد على .... المبذولة من أجل التنمية الفعلية للدولة.

ج. رفض إبليس .... أن يسجد لآدم.

ح. الذي يحدث أن القاتل .... رداء الشهيد، وأن الكافر يرتدي عباءة المؤمن.

خ. فكرة الموت .... حولي منذ موت أمي.

د. منذ اللحظة الأولى .... الفريق في العمل من هذا الجانب، فريق من الجانب الآخر.

ذ. لقد سمعوا جرس الباب، ولا .... للتنبيه مرة أخرى.

قصة "من مذكرات سيدنا نوح" لمحمود طاهر لاشين

أولاً: تمهيد لقراءة النص

١. ستقرأون قصة لمحمود طاهر لاشين بعنوان "من مذكرات سيدنا نوح" فناقشوا مع زملائكم ما يأتي: المذكرات تختلف عن اليوميات من حيث الشكل والغرض. كيف؟

٢. اقرأوا النص الآتي لتصحيح إجاباتكم.

اليوميات (diary) هي ما يدونه الكاتب من أفكار ومشاعر وأخبار، ولا يجمعها سوى تواليها على مدار الأيام، وهي تؤكد حاجة الكاتب إلى فحص الضمير أو الاحتفاظ بذكريات يهددها الزمن والنسيان، أو التعبير عن الموقف من الأفراد المحيطين به والمجتمع، أو توضيح مسائل غامضة أو كشف قضايا خفية . . . إلخ.

غالبًا ما يتم السرد في وقت الحدث نفسه تقريبًا، فلا يلحقه كما في المذكرات والسيرة الذاتية. وغالبًا ما تغفل اليوميات عنصر الخيال، ولا يأتي نصها على شكل بناء منطقي بل على صورة الحياة؛ متفرق الأجزاء، بلا غاية محددة. وعلى الرغم من أنها كتابات خاصة لا يُقصد بها النشر بين القراء؛ فإن منها ما تكون قيمته الفنية عالية، كما ينتشر ويَلقى رواجًا بين القراء. وقد يتفاوت حجم اليوميات من بضع عشرات من الصفحات كما عند بودلير أو آلاف الصفحات كما عند هنري. ف. أمِيل (H. F. Amiel) الذي وصلت يومياته إلى ١٧٠٠ صفحة.

ظهر هذا اللون في أوربا في القرن الثامن عشر، ووجد اهتمام بعض الكتّاب العرب، كما أخذ صيغته الفنية بعض الكتّاب وصنعوا قصصًا على هيئتها، كما في قصة "من مذكرات سيدنا نوح" لمحمود طاهر لاشين.

أما المذكرات فهي نوع من السيرة الذاتية، وقد ظهرت لرغبة بعض الكتّاب في تدوين الأحداث التي شهدوها أو شاركوا في صنعها، ويختلط في هذه الكتابات البُعد التاريخي بالبعد الشخصي، نتيجة تدخل الكاتب في اختيار الأحداث وتفسيرها. وتختلف المذكرات عن اليوميات في أن المذكرات لا تركز على تحليل الذات، بل تهتم بالقيم المعنوية أو السياسية والاجتماعية بشكل عام. وتكاد المذكرات تتوسط بين الأدب والوثيقة التاريخية.

٣. ستقرأون نصًا أدبيًا لمحمود طاهر لاشين بعنوان "من مذكرات سيدنا نوح." ماذا تتوقعون أن تقرأوا في هذا النص، بحسب ما درستم عن المذكرات؟

ثانيًا: القراءة الأولى

١. اقرأوا عن الجانب الثقافي الآتي، ثم اذكروا أوجه الاتفاق والاختلاف بين قصة نوح كما حكتها الكتب المقدسة، والقصة كما يرويها لاشين:

قصة نوح (عليه السلام) بين الكتاب المقدس والقرآن الكريم

وردت قصة نبي الله نوح (عليه السلام) في الكتاب المقدس وفي القرآن الكريم وتشترك في كثير من التفاصيل، وقد وردت في القرآن الكريم في سورة خاصة هي سورة "نوح." تحكي القصة عن نوح الذي يدعو قومه إلى عبادة الله وترك عبادة الأوثان، لكنهم لا يستجيبون لدعوته، فيما عدا عددًا قليلاً جدًا، على الرغم من استمراره في الدعوة لمدة ٩٥٠ عامًا! يبدأ نوح في إعداد سفينة، ويحذر نوح قومه من أن طوفانًا سيأتي وسيقضي على كل من في الأرض فيما عدا من سيركب معه في السفينة التي كان يصنعها. سخر الناس من دعوة نوح ومن سفينته وخصوصا أنهم يعيشون في الصحراء بعيدًا عن أية بحار.

جمع نوح من كل زوجين اثنين؛ من الحيوانات والطيور والنباتات، ووضعها جميعًا في السفينة. ومن الغريب أن ابنه لم يركب معه مفضلا أن يصعد إلى جبل في حال حدوث الطوفان. جاء الطوفان ونجا مَن كان مع نوح، وهلك من لم يتّبع دعوته. وبعد أن انتهى الطوفان استقرت السفينة على جبل يدعى الجودي، وأرسل نوح حمامة لتستكشف أرضًا يابسة، فرجعت ومعها غصن زيتون، وهو ما صار رمزًا للسلام. وتعد هذه القصة مصدر إلهام للأدباء في مختلف الثقافات، ومن ذلك قصة محمود طاهر لاشين بعنوان "من مذكرات سيدنا نوح"، وقصيدة الشاعر المصري أمل دنقل، وعنوانها "مقابلة أخيرة مع ابن نوح."

٢. اقرأوا القصة ثم اذكروا كيف تتفق القصة وكيف تختلف مع شكل المذكرات ومضمونها، بحسب ما قرأتم فيما سبق.

٣. اقرأوا الجانب الثقافي الآتي ثم اذكروا السياق القصصي الذي ذكر فيه التعبير "أعوذ بالله."

"أعوذ بالله" (God forbid)

يستخدم المسلمون بعض العبارات القرآنية كثيرًا في حياتهم اليومية، ومن ذلك أنهم يبدأون أعمالهم بعبارة "بسم الله،" كما يقول المسلم "أعوذ بالله" حين يخاف من شيء أو يرفضه. فكأنهم يطلبون حماية (عَوْذ) الله من هذا الشيء المرفوض أو المخيف. وهاتان العبارتان مأخوذتان من الجملتين الأوليين اللتين تُقرآن في أول أيّة سورة قرآنية، وهما: "أعوذ بالله من الشيطان الرجيم. بسم الله الرحمن الرحيم."

٤. اقرأوا القصة واكتبوا أهم حدث في كل يوم من الأيام الآتية:

الاثنين:

الجمعة:

الأربعاء:

السبت:

الخميس:

٥. ضعوا علامة (✓) أمام العبارات الصحيحة، وصححوا العبارات غير الصحيحة:

أ. عُمْر نوح كان ٦٠٠ سنة عندما بدأ في كتابة مذكراته. (   )

ب. كتب سيدنا نوح مذكراته لكي يسجل أمجاده. (   )

ت. جيل نوح كان من أسوأ الأجيال التي مرت على نوح في حياته الطويلة. (   )

ث. من أصعب الشخصيات التي أقنعها سيدنا نوح بركوب الفلك (السفينة) هو ابنه. (   )

ج. نجح سيدنا نوح—بعد عناء—في إقناع ابنه بالصعود إلى الفلك معه. (   )

ح. استخدم الكفار أبناءهم في تعطيل سيدنا نوح عن هدفه الرئيسي؛ وهو بناء الفُلك. (   )

خ. تنتهي اليوميات بدخول سيدنا نوح إلى الفُلك. (   )

من مذكرات سيدنا نوح[٦]

هذا لا يطاق! هذا لا يحتمل! ما كنت أحسب أن يمتد بي أجلي حتى أحضر عصرًا كهذا الذي أعيش فيه الآن. حقًا إنه ليس لي شهادة ميلاد أرجع إليها، ولكنني فيما أعتقد أوشكت أن أتخطى المائة السادسة . . . على أنني لا أذكر أنني مر بي جيل خاطئ لعين كهذا الجيل . . . أعوذ بالله!

الاثنين:

بعد أيام . . . العمل يتقدم باطراد وسكينة، حتى لقد أتممت منه ما لا يستطيع أمهر النجارين أن يتم مثله أو أقل منه. ولكن حدث اليوم أن الكافرين أرادوا أن يكيدوا لي، فأغروا بي أولادهم الصغار، فتوافدوا عليَّ من كل فج، وجعلوا يحومون حولي كالنحل، ويطلبون مني أن أصنع لهم لعبا، فلما أبيت عليهم ذلك شرعوا يخطفون الأخشاب التي تعبت في إعدادها، ففضلت أن أجيبهم من أن أفسد عمل السفينة. إني لأضحك فقد طلب اليوم مني على ما أذكر:

عدد

٢٠ بهلوانًا

١٢ حصانًا

١٧ عروسة

ما كان أشق مهمتي اليوم!

الجمعة:

كا. كب. كد. كر. كف. كن. ليست هذه رموزًا أو أي شيء من هذا القبيل، ولكني أجرب قلماً جديدًا أهدانيه جاري من ريش نسر اصطاده. لا داعي إلى الكتابة أو العمل. اليوم الجمعة، فلأجعله يوم راحة.

---

٦ من المجموعة القصصية "يُحكى أن" مع بعض الحذف، ضمن: محمود طاهر لاشين (١٨٩٤–١٩٥٤)، سلسلة رواد الفن القصصي (الأعمال الكاملة)، المجلس الأعلى للثقافة، القاهرة، ط١، ١٩٩٩.

الأربعاء:

شرعت في جمع الحيوانات، والحق أقول إنني لم أجد صعوبة إلا في التفاهم مع الحمار. يا له من مخلوق غبي بليد! حسبني أغريه على دخول السفينة لأضطره عند الاقتضاء إلى جرها بمن فيها، ولستُ أدري كيف خطر هذا الخاطر ببال هذا الحمار! على أنه اقتنع أخيرًا.

السبت:

تم طلاء السفينة، وقد أقام المؤمنون حفلة تكريم لشخصي الضعيف، أخجلوا فيها تواضعي، ويعلم الله أنني لم أدّخر وسعًا في نصيحة ابني، وحمله على الركوب معنا، ولكنه مصر على عناده وكفره، ويقول في غير اكتراث إنه سيأوي إلى جبل يعصمه من الماء.

لتكن مشيئة الله.

الخميس:

هطلت الأمطار، وفاضت النهار، وماجت البحار، وهاجت الرياح. المنازل تتداعى والدنيا تنقلب رأسًا على عقب، وأصوات الكافرين ترتفع بالبكاء والعويل، وطلب الغوث يتعالى من كل ناحية، والكل في فزع أكبر، لا يدرون ماذا يصنعون، ولا إلى أي مكان يلجأون. ولكن هنا في السفينة الهدوء والطمانينة والغبطة، كلٌّ يصلي لله شكرًا.

لقد دخل الجميع ودخلت آخرهم.

وبعدي الطوفان.

ثالثًا: القراءة الثانية

١. أعيدوا قراءة القصة، واستخرجوا العبارات التي استخدمها نوح للتعبير عن:

- الضيق والغضب الذي كان يشعر بهما.
- تواضعه.
- ضعف ذاكرته.
- أنه بذل أقصى جهد له.

٢. حددوا معنى التعبيرات التي تحتها خط بحسب فهمكم للنص، ثم أعيدوا كتابة الجملة مستبدلين بالكلمة التي تحتها خط كلمة أو عبارة من أسلوبكم:

- على أنه اقتنع أخيرًا.
- ولكني أجرب قلماً جديدًا **أهدانيه** جاري من ريش نسر اصطاده.
- ويعلم الله أنني لم أدّخر وسعًا في نصيحة ابني، **وحمله** على الركوب معنا، ولكنه مصر على عناده.

رابعًا: القراءة الثالثة

أجيبوا عما يأتي:

١. يقول محمد جبريل في مقاله "المدرسة الحديثة . . . جيل ما بعد الريادة" عن محمود طاهر لاشين تحديدًا:

> "والمتأمل في قصصه [أي لاشين] الصغيرة، الجميلة، لا يفوته أن يدرك مبلغ تأثره الكبير بأمثال ديكنز وتورجنيف وديستويفسكي من أعلام القصصيين في الغرب؛ أولئك الذين مزجوا الفن القصصي برسالة الإصلاح الاجتماعي. تلك رسالته يحن دائماً إلى بثّها متمذهبًا بالمذهب الواقعي، ويلوح أنه يشعر بعبء مسئوليته الأدبية الإصلاحية، فهو يتريث في استجماع ملاحظاته من صور الحياة، حياة الطبقتين الوسطى والسفلى على الأخص بحسناتها وعيوبها، ثم يبذل مجهوده الفني في حبك قصته مازجًا المزاح بالجد، متوخيًا الدقة في التعبير الفكاهي، وهي طريقة كاد يتفرد بها بين كتابنا القصصيين، ولا يحاكيه فيها غير القصصي المجيد يحيى حقي الذي ابتدأ يؤلف بعده بقليل."

أوضحوا من خلال نص "من مذكرات سيدنا نوح" كيف "مزج لاشين المزاح بالجد، متوخيًا الدقة فى التعبير الفكاهى."

٢. رسم لاشين صورة حية ليوم الطوفان وحالة الفزع التي مر بها الناس. اقرأوا مذكرات يوم الخميس. حولوا هذه الفقرة إلى صورة مرسومة لهذا المشهد المهيب

لعرضها في إحدى المجلات المصورة للأطفال.

٣. راجعوا المذكرات ثم اكتبوا الأصوات والألوان والروائح التي يمكن أن يوحي بها اليوم لك.

٤. يتقابل الإنسان—عندما يكون بصدد التعامل مع مجموعة كبيرة من الناس—مع عينات مختلفة من البشر يصعب إقناعهم بما فيه مصلحتهم أو الصالح العام. ولقد صادف نوح الحمار الذي أساء فهم الغرض من دعوة نوح، على الرغم من أنه كان يدعوه إلى النجاة. هل صادفتك مثل هذه الشخصية في حياتك؟ من كان الحمار؟ وما الموقف الذي مررت به؟ ولماذا رفض التعاون معك؟

٥. "تختلف المذكرات عن اليوميات في أن المذكرات لا تركز على تحليل الذات، بل تهتم بالقيم المعنوية أو السياسية والاجتماعية بشكل عام، وتكاد المذكرات تتوسط بين الأدب والوثيقة التاريخية."

ناقشوا هذه العبارة في ضوء قراءتكم لـقصة "من مذكرات سيدنا نوح،" موضحين ما إذا كانت تحقق وتمثل الغرض والشكل الأدبي كما جاء في العبارة.

٦. اعتمد لاشين في هذا النص على ما يعرف في النقد باسم 'التناص' (intertextuality)، فكيف استخدم هذا الأسلوب؟

٧. طُلب منكم تحويل هذه المذكرات إلى قصة قصيرة، على ألا يزيد عدد كلماتها عن ٢٠٠ كلمة. اكتبوا القصة، مع توضيح معاناة نوح منذ البداية حتى يوم الطوفان.

٨. تخيلوا واكتبوا الحوار الذي دار بين نوح والحمار حتى أقنعه بركوب الفلك.

٩. تخيلوا أنكم من المدعوين إلى حفل تكريم نوح، وقد طلب منكم إلقاء كلمة تكريم لنوح في هذا الحفل. اكتبوا هذه الكلمة مع التركيز على معاناة نوح وصبره واحتماله الذي قاده إلى النجاح، ثم ألقوا الكلمة أمام زملائكم في الصف.

١٠. اكتبوا يومًا آخر في نص "من مذكرات سيدنا نوح" وأضيفوه إلى "ويكي."

١١. أنشئوا "ويكي" بإسم "من مذكرات سيدنا نوح" ثم أضيفوا إليها النص

١٢. اقرأوا اليوميات التي أضافها طلاب آخرون الى "الويكي" ، وعلقوا على ثلاث منها.

"صح" لمحمود طاهر لاشين

المفردات

- حَـارَة، ج. حارات (ح ي ر)

= شارع صغير يضم مجموعة من المنازل

alley

إبراهيم رجل فقير، يعيش في بيت صغير في حارة ضيقة، لا تستطيع أصغر سيارة الدخول إليها.

- [خُوجَة]

= مدرس

teacher

سخر الطلاب من أستاذهم الجديد فأسمَوه بالخوجة، وهي كلمة قديمة كان يطلقها الناس على المدرس، للدلالة على أساليبه القديمة في تعليم اللغة العربية.

- مُزْدَوِج (ز و ج)

= يتكون من عنصرين أو شيئين

double; twofold

فائدة السكين مزدوجة؛ أولاً تقطِّع بها الفواكه والخضراوات، ثانيًا تدافع بها عن نفسك إذا هجم أحد اللصوص على بيتك.

- منفَعَة (ن ف ع)

= ما فيه خير وفائدة

benefit

تكثر بعض الحشرات فوق الأزهار، لأن الحشرات تحصل على منفعة عظيمة من الأزهار؛ حيث تمتص رحيقها.

- مُقابِلة (ق ب ل)

= التي في الجانب الآخر

opposite to; across

أسكن في البناية المقابلة للجامعة ولذلك لا أستخدم أية وسيلة مواصلات للذهاب إليها.

- خِزَانة (خ ز ن)

= مكان لحفظ الملابس أو الكتب أو غيرها

cupboard; wardrobe; safe; cabinet

من الصعب سرقة ما في هذه الخزانة من مال؛ لأنها هذه مصنوعة من الحديد الصلب الذي يصعُب كسره أو صهره.

- طَائِفة، ج. طوائف (ط و ف)

= مجموعة

a group of people; a denomination; a sect; a faction

الناس في كل المجتمعات ثلاث طوائف: طائفة غنية، وطائفة فقيرة، وطائفة متوسطة بين الغنى والفقر.

تتعدد الطوائف المسيحية للكنيسة المصرية فهناك الطائفة الأرثوذوكسية، والطائفة الإنجيلية والطائفة الكاثوليكية.

- قَيِّمَة (ق و م)

= غالية الثمن أو شديدة الأهمية

valuable; precious

هذه المجوهرات قيِّمة، ولهذا فإن أمي تحافظ عليها، وتقدِّر أهميتها.

• **مَفْروشة (ف ر ش)**

= فيها أثاث كالسرير والكراسي وغير ذلك

furnished

هذه الشقة مفروشة؛ فيها كل شيء يحتاج إليه الفرد ليعيش فيها مباشرة: غرف نوم، صالة، أنتريه . . . إلخ.

• **مُهَذَّب (هـ ذ ب)**

= ذو أخلاق جيدة ويحسن التصرف

polite

فادي يحترم والديه، ويبتسم في وجه أساتذته، ولا يقطع كلام أحد أثناء حديثه. إنه شاب مهذب وعلى خلق كريم.

• **رَزِين (ر ز ن)**

= هادئ في تفكيره وتصرفه وقراراته

grave; serious; composed;" sagacious

كمال لا يتسرع في اتخاذ القرار، ويعالج مشكلاته بهدوء، ويفكِّر بشكل علمي ومنطقي. إنه شاب رزين.

• **نَفَرٌ (من) (ن ف ر)**

= جماعة

a number of people

اتفق الأصدقاء على القيام برحلة، وكان عددهم عشرة، ولكن تغيَّب نفر منهم فأصبحوا سبعة تقريبًا.

• **تِرْب، ج. أَتْرَاب (ت ر ب)**

= مماثل في السن

peer; colleague

أفشى الرجل أسراره الخاصة إلى أترابه المخلصين الذين وقفوا بجانبه دائماً وساعدوه كثيرًا في مواقف عدة.

• **أنِس، يأنَس، الأُنْس (ء ن س)**

= شعر بالراحة (مع شخص أو في مكان)

to be used to s.o. and to like their company

جون يقضي وقتًا طويلاً مع زميلته ماريا، لأنه يأنس إليها عندما يجلس معها، ويشعر بمرور الوقت سريعًا.

• **أجال (بصره)، يجيل، الإجالة (ج ي ل)**

= أدار بصره هنا وهناك

to sweep (sight); to glance; to scan

شعر ضابط الأمن بصوت مريب خلفه؛ فأخذ يجيل بصره هنا وهناك حتى اطمأن أنه لا شيء.

• **سَأم (س ء م)**

= شعور بالمَلَل

to be sick and tired (of s.th.); to be fed up with (s.th.)

الفتاة تشعر بالسأم، لأنها لا تعمل، ولا تقضي أوقاتها فيما يفيد، وليس لها هدف محدد في الحياة.

- **بدا، يبدو (ب د و)**

= ظَهَر

to appear; to seem; to be apparent /visible

بدا الإرهاق على وجه العامل؛ ففي كل ليل ينام أربع ساعات فقط، فضلاً عن أن عمله شاق للغاية.

- **حتما (ح ت م)**

= بالتأكيد

inevitably

حتماً ستكون المباراة النهائية ممتعة؛ فكل بطل من البطلين يسعى لنَيْل البطولة.

- **ناظر، ج. نُظّار (ن ظ ر)**

= أكبر مسئول في المدرسة

the school principal

كل الطلاب في المدرسة يهابون الناظر ويحترمونه، لأن شخصيته قوية، ويعالج مشكلات الطلاب، ودائماً يمر في الأدوار، ويدخل الفصول لمتابعة سير التعليم.

- **تَلهَّى (بـ)، يتَلَهَّى، التلهّي (ل هـ و)**

= ينشغل – يشغل نفسه بشيء

to entertain oneself

لم تقدر الأم على إعداد الطعام أثناء صراخ طفلها، فأعطته دمية كي يتلهى بها ويكف عن البكاء.

- **نَقرة، ج. نقَرات (ن ق ر)**

= دقة

a knock; a tap

عرف الرجل أن طارق الباب ابنه محمد؛ لأنه تعود أن يطرق الباب بنقرات ذات إيقاع موسيقي جميل.

- **هش (لـ)، يهَشّ، الهشّ/ الهشاشة (هـ ش ش)**

= ابتسم لشخص وأظهر ترحيبه به

to smile and welcome s.o.

جاء الولد إلى أبيه هاشًّا باشًّا فعرف أنه نجح في الامتحان.

- **جَبْهة، ج. جَبَهات/ جِباه (ج ب هـ)**

= الجزء الأمامي من الرأس، وهو موضع السجود

forehead

رأيت على جبهته علامة من أثر السجود فعرفت أنه مسلم، وربما يكون من شيعة العراق.

- **لمُّ (الشتات) (ل م م)**

= جمع المتفرق

to gather; to rally; to reassemble

تفرقت القبائل ودارت بينها حروب كثيرة، حتى ظهر القائد المخلص الذي جمَّع القبائل، وكان هدفه الأول لم الشتات وعدم التفرقة.

- **تَبنَّى، يَتَبَنَّى، التبني (ب ن و)**

= اتخذ طفلا ابنًا له، أي جعله مثل ابنه

to adopt

تبنَّت منظمة الأمم المتحدة مبدأ حقوق الإنسان، وتحاول أن تقف في وجه كل صور الظلم والتفرقة بين الناس في كل أنحاء العالم.

- **يَتيم، ج. يَتَامى (ي ت م)**

= من فقَد أباه أو أمه

orphan

كل أهل المنطقة يعطفون على هذا اليتيم الذي مات أبوه قبل أن يولد وماتت أمه أثناء ولادته.

- **أرمل، ج .أرامل (ر م ل)**

= الرجل الذي ماتت زوجته

widower

هذه المرأة أرملة؛ مات زوجها منذ سنتين وترك لها ثلاثة أطفال.

- **انتزع، ينتزع، الانتزاع (ن ز ع)**

= جذب شيئاً ثابتاً بقوة؛ إقتلع

to snatch (s.th.) to extract

استطاع الطبيب أن ينتزع الطلقة النارية من صدر الجندي المصاب أثناء الحرب، فأنقذ حياته.

- **طوَّح، يطوح (ط و ح)**

= ألقى ورمى بعيدًا

to hurl; to fling

غضب الرجل فطوح كأس الماء في الهواء، فسقطت بعيداً وتحطمت تماماً.

- **برفق (ر ف ق)**

= بطريقة فيها لطف وهدوء وبلا عنف

smoothly; gently

يجب أن يحل الزوجان مشكلاتهما برفق كي يتقبّل كل طرف رأي الآخر، وألا يحدث تعصّب.

- **ألغَى، يُلغي، الإلغاء (ل غ ي)**

= منع شيئًا بعد أن كان مقررًا

to cancel

قالت زوجة الأستاذ الجامعي له: لماذا جئت مبكرًا اليوم؟ هل ألغيت محاضراتك كلها؟

- **بِمِزَاح (م ز ح)**

= بطريقة ضاحكة؛ بهزل

jokingly; facetiously

كان الولد يضحك مع أبيه فقال له بمزاح: سوف أشتري غدًا أبًا غيرك من السوق.

- **مُفْتَعَل (ف ع ل)**

= مصطنع وغير حقيقي

feigned; insincere; phony

لم يعجبه ضحك أصدقائه على أبيه فابتسم ابتسامة مفتعلة ليخفي عنهم استياءه.

- **بَشَاشَة (ب ش ش)**

= لطافة الوجه وتبسمه

joviality; radiance; friendliness

أهل المنطقة يحبون هذا الرجل لأنه يبتسم دائماً، وفي وجهه بشاشة.

• تنبؤ (بـ) (ن ب ء)

= توقُّع الشيء قبل حدوثه

prophecy; prediction

العلماء والمفكرون وأصحاب الخبرات في الحياة يستطيعون أحيانًا التنبؤ بما سيحدث في المستقبل.

• خِلاف، ج. خِلافات (خ ل ف)

عكس: اتفاق

disagreement; dispute

الخلاف موجود بين كل الناس في كل زمان ومكان، لكن المهم أن يحاول الفرد أن يصل إلى الصواب دون تعصب، وأن يقبل رأي الآخر إذا وجد أنه أفضل.

• طُمَأْنِينة (ط م ء ن)

= عدم القلق

reassurance; peace of mind

كانت المرأة خائفة عندما عادت متأخرة من العمل، وكان الجو ممطرًا ووسائل النقل متعطلة، لكنها شعرت بالطمأنينة بمجرد أن دخلت بيتها.

• أَطْرق، يُطْرِق، الإطراق (ط ر ق)

= سكت ولم يتكلم، وأنزل عينيه إلى الأرض

to be silent and look down in shame or contemplation

حين واجه الأب أبناءه بأخطائهم، أطرقوا وهم يشعرون بالخجل.

• شَأْنَ (ش ء ن)

= تأتي هذه الكلمة منصوبة لتعني: مثل. وقد يكون التعبير: شأنُه شأنُ . . .

like; the same as

بدأت تذاكر في الأسبوع الأخير قبل الامتحان شأنَ من يشعر بالمسئولية وبقرب الخطر.

• دَقِيق (د ق ق)

= فيه بعض الصعوبة والغموض

wrong context; detailed; intricate; complex; sensitive

أحببت لوحات هذا الفنان الصاعد، حيث إن رسومه مليئة بتفاصيل دقيقة تبرزها الألوان التي تظهر في اللوحة وكأنها نابضة بالحياة.

• هُنَيْهَة (هـ ن و)

= وقت قصير

awhile

قبل أن يبدأ سباق الجري بهنيهة سوف يرفع الحكم يده إلى أعلى.

• تَبينَّ، يَتَبَينَّ، التَبَينُّ (ب ي ن)

= عرف حقيقة الشيء

to ascertain; to verify; to come to know for fact

ظن ضابط الشرطة أن هذا الرجل هو الذي سرق المال، لكن تبين بعد ذلك أن الرجل مظلوم بعدما ظهرت براءته.

• تفاهم، يتفاهم (الشخصان)، التفاهُم (ف هـ م)

= أوضح كل واحد وجهة نظره؛ توصلا إلى اتفاق

to reach an agreement

عندما علا صوت الضيفَين في البرنامج التليفزيوني، حاول المذيع أن يهدِّئ الموقف كي يتفاهم كلاهما مع الآخر.

• تيسرَّ، يتيسر، التيسر (ي س ر)

= كان سهلاً يسيرًا

to ease

مرّ الرجل بضائقة مادية، لكن الأمر تيسرّ بعد ذلك عندما حصل على مكافأة مالية كبيرة في عمله.

• اكْتفَى (بـ)، يكْتفي، الاكتفاء (ك ف ي)

= لم يكن يريد المزيد

to be content with; to settle for

أخرج المدير الفني لفريق كرة القدم لاعبًا وأدخل مكانه آخر في الملعب، و قد اكتفى المدير الفني بتغيير واحد فقط؛ لأن المباراة تسير على ما يرام.

• وثق (في/ بـ)، يثق، الثقة (و ث ق)

= لم يشك في . . .

to trust

عينَّ المدير كاميليا أمينة مخازنه؛ فهو يثق بها بشدة لأنها أمينة ومخلصة في عملها.

• وَقْتَئِذٍ (و ق ت)

= في ذلك الوقت

at that time

حين فتح الأب باب منزله، وجد الأختين تتشاجران، فتدخل وقتئذ لفض المشاجرة بعدما رفع صوته بشدة.

• مجُامَلَة (ج م ل)

= تعبير لطيف عن الإعجاب يزيد عن الحقيقة غالبًا

compliment

أراد أن يجاملها فقال لها إنها أجمل امرأة رآها.

• خِدَاع (خ د ع)

= إظهار غير الحقيقة

deception

حاول المجرم خداع رجال الشرطة، لكنهم فطنوا إلى حِيلته، وقبضوا عليه وقيدوه ورموه في السجن.

• انتوى، ينتوي (ن و ي)

= قرر

to decide; to intend

ينتوي أخي أن يشتري سيارة جديدة، لكن بعد أن يأخذ قرضًا من البنك.

• وَحْشَة (وح ش)

= شُعُور بالوحدة

loneliness; soleness

الإنسان اجتماعي بطبعه، فهو يشعر بالوحشة إذا عاش منفردًا في البيت أو لم يكن له أصدقاء.

- **ارتباك (ر ب ك)**

= حَيرة

confusion

شعرت الفتاة بالارتباك الشديد عندما تمزق بنطالها (سروالها) وهي تسير في الشارع أمام الناس.

- **صادف، يصادف، المُصَادَفة (ص د ف)**

= يقابل (شخصًا) من غير موعد سابق

to meet by chance

انقطعت عني أخبار صديقي أشرف لسنوات، وفجأة رأيته يسير في الطريق الذي أسير فيه فهتفت كالأطفال: يا لها من مصادفة!

- **أنهَى (إلى شخص) خبرًا، يُنهي، الإنهاء (ن هـ ي)**

تعبير يعني: أخبره بخبر

to make known to someone;" to inform someone

بالرغم من سفره الدائم فقد أُنهي إلى مسامعه آخر التعديلات التي أدخلها المدير الجديد على نظام العمل في الشركة.

- **حَرَج (ح ر ج)**

= شعور بالضيق

awkwardness; discomfiture; embarrassment

أُصيب الراكب بالحرج الشديد وهو في الحافلة عندما لم يجد مالاً يدفعه.

- **رَغْبَة (ر غ ب)**

= حب لشيء أو شخص، ومَيل نحوه

desire

شعر العامل بالرغبة الشديدة في النوم بعد عمل يوم شاق في المصنع.

- **رِعَاية (ر ع ي)**

= محافظة واهتمام

care

ذهب العجوز إلى دار المسنين كي ينال الرعاية المناسبة.

- **مِحْوَر، ج. محَاور (ح و ر)**

= مركز

axis; center; pivot

الزحام شديد في هذا الميدان؛ لأنه المحور الرئيسي في المدينة، فهو يربط بين كل الشوارع الرئيسية.

- **تضاحَك، يتضاحك، التضاحُك (ض ح ك)**

= ادّعى الضحك

to pretend; to laugh

حين رأت حبيبها السابق تضاحكت مع صديقها الجديد.

- **مُصَمِّم (ص م م)**

= متمسك بما قرره

determined; set one's mind to

لاعب الملاكمة هذا عنيد، وهو مصمم على الفوز بالبطولة هذه المرة، وهذا واضح في تدريباته الشاقة المستمرة.

- **اكْتَأَب، يكتئب، الاكتئاب (ك ء ب)**

= حزِن، تغيرت حالته بسبب الحزن

to become depressed

اكتأب الطالب الفاشل بعدما عرف درجاته في نتيجة الامتحانات، وشعر بالحزن والضيق.

- **عِتَاب (ع ت ب)**

= توجيه اللوم إلى شخص آخر بطريقة لطيفة

admonishment; reproach

أخذ الزوج يذكِّر زوجته بالأخطاء التي ارتكبتها منذ بداية الزواج، فطلبت الزوجة ألاَّ يطيل هذا العتاب لأنه يؤلمها نفسيًّا.

- **ألَّا صَدْر (المكان) (ص د ر)**

= مقدمة المكان، وأول ما يراه من ينظر إلى المكان

the front part; facadefrontage

حين فُتح الستار رأينا في صدر المسرح كرسيين من طراز أوربي كلاسيكي، ثم دخل أول الممثلين فصفقنا له.

- **صَدَرَ (عن)، يَصْدُر، الصُّدور (ص د ر)**

= خرج صوت أو ظهر تعبير

to utter; to express; to " issue (a sound or expression)

حين رأى حبيبته بعد هذا الغياب الطويل صدرت عنه آهة عالية سمعها كل من في المكان.

- **نبَّه، ينبه، التنبيه (ن ب هـ)**

= لفت النظر إلى

to warn; to call to one's attention

نبَّه رجل المرور قائد السيارة إلى ضرورة القيادة ببطء؛ لأن الطريق مظلم وضيق.

- **أفاق، يُفيق، الإفاقة (ف و ق)**

= استيقظ وعاد إلى وعيه (بعد نوم أو إغماء أو شرب خمر مثلاً)

to recover; to wake up; to regain consciousness

أفاقت المريضة من إغماءتها العميقة بعدما تم نقلها إلى المستشفى، وهكذا اطمئن عليها الطبيب.

- **دَمْعة، ج. دَمَعات/ دموع (د م ع)**

= قطرة تنزل من العين عند البكاء

a tear drop

نزلت الدمعات من عين الزوجة حزنًا على فراق زوجها الذي عاش معها أجمل أيام حياتها.

- **أسى (ء س ي)**

= الحزن الشديد

grief

ليس غريبًا أن يشعر بالأسى؛ فقد مات صديقه في حادث مؤلم.

- اجتاز، يجتاز، الاجتياز (ج و ز)

= عَبر، مرّ

to pass; to pass through

استطاع الطالب أن يجتاز الامتحانات بتفوق وأن يحصل على المركز الأول.

- اِشْتَدَّ، يَشْتَدّ، الاشتداد (ش د د)

= أصبح أكثر قوة أو صعوبة

to intensify; to become severe; to become more powerful

مرض الرجل مرضًا شديدًا قبل موته، وكان الألم يشتد عليه يومًا بعد يوم حتى فارقت روحه جسده.

- خفقان (القلب) (خ ف ق)

= تحرُّك واهتزاز بشدة بسبب الانفعال

palpitation

شعر اللاعب بخفقان قلبه من شدة الفرح بعدما أحرز هدف البطولة لمنتخبه الوطني.

- ضَم، يَضُمّ، الضَّمّ (ض م م)

= جمع

to include; to consist of

هذا النادي يضم مجموعة من أفضل اللاعبين في مصر.

- شَاحِب (ش ح ب)

= متغير اللون بسبب التعب أو المرض

pale

لون وجهه شاحب؛ فهو لا يهتم بصحته، ويعمل ليل نهار، وحالته النفسية سيئة.

- شَمْع (ش م ع)

= ما تصنع منه النحل بيوتها، مادة دهنية تستخدم في الإضاءة إذا وضعنا بداخلها فتلة وأشعلنا فيها النار

wax

أوقد أبي الشموع بثقاب الكبريت عندما انقطع التيار الكهربائي.

- حافَّة، ج. حوافّ (ح ف ف)

= ناحية، جانب، طرْف

edge; brink

كاد الطفل الصغير أن يسقط في الماء وهو على حافة النهر، ولكن رجال الشرطة أنقذوه.

- تجاهل، يتجاهل، التَّجَاهُل (ج هـ ل)

= أظهر عدم الاهتمام

to ignore

سمع الجار مشاجرة عنيفة بين جاره وزوجته، فتجاهل الموقف وكأنه لم يسمع شيئًا كي لا يتدخل فيما لا يعنيه.

- عمَد (إلى)، يَعمِد، العَمْد (ع م د)

= قَصَد

to intend; to plan

عمد مدير المدرسة إلى تغيير بعض الأنظمة في إدارة المدرسة عندما اكتشف بعض الأخطاء التربوية في سيرْ العملية التعليمية.

• **خُشُونة (خ ش ن)**

= صفة لأي سطح لا يكون ناعما، وتستخدم للتعبير عن التعامل مع الآخر بشدة وعنف

coarseness; roughness; harshness

هذا اللاعب معروف بأنه يلعب بخشونة، والغريب أنه خشن أيضا في تعامله في الحياة العامة.

• **نُفُور (ن ف ر)**

= رغبة في الابتعاد (بسبب الكراهية أو الرائحة الكريهة)

revulsion; aversion

رأى القُمامة حوله، فأحس بالنفور من المكان بسبب الرائحة الكريهة المنتشرة فيه.

• **مُضَاءة (ض و ء)**

= بها نور؛ عكس: مُظلمة

lit

كانت الغرفة مظلمة، لكنها أصبحت مضاءة بعدما أوقد الرجل المصابيح الكهربائية.

• **لَهْفة (ل هـ ف)**

= شوق

anxiety; apprehension; yearning; longing; eagerness

شعر الأبناء باللهفة لرؤية أبيهم قبل عودة الطائرة بساعات قليلة. لقد غاب الأب عنهم سنوات وهم مشتاقون لرؤيته.

• **اسْتَأْنَفَ، يستأنف، الاستِئناف (ءنف)**

= أكمل ما بدأه بعد توقف

to resume

استأنف الموظف عمله مرة أخرى، بعد أن ارتاح قليلاً.

• **اعتراف، ج. اعترافات (ع ر ف)**

= تصريح وإقرار بالحقيقة

confession

بعد جهود ضخمة من ضباط الشرطة قدَّم القاتل اعترافه أمام القضاة وقال إنه القاتل.

• **تلاشى، يتلاشى، التلاشي (ل ش ي)**

= صار إلى العدم، انتهى تدريجيًا

to disappear; to fade away

في الساعة الخامسة مساءً بدأ ضوء الشمس يتلاشى تدريجيًا حتى اختفى تمامًا.

• **كَفَل (طفلا أو يتيما)، يكفُل، الكَفالة (ك ف ل)**

= أنفق عليه وربّاه واهتم بأموره وشئونه

to provide for; nurture; foster

من المشاعر الإنسانية النبيلة أن يكفل الزوجان اللذان حُرِما من الإنجاب يتيما صغيرًا يربيانه.

• **رَاضِية (ر ض ي)**

= تشعر بأن لديها ما يكفيها ولا تحتاج إلى المزيد

content; approving of

كانت الفتاة راضية عن الشاب الذي تقدَّم لخطبتها؛ لأنها وافقت عليه باختيارها، وهو يتمتع بأخلاق رفيعة.

- **قاطَع، يقاطع، المُقاطَعَة (ق ط ع)**

= أوقف حديث شخص آخر

to interrupt

كان المتحدثون في البرنامج يقاطع بعضهم بعضا؛ فلم يتمكن المشاهدون من متابعة الحوار جيداً

- **تَعِس (ت ع س)**

= حظه سيء؛ عكس: سعيد

miserable

قال الرجل الحكيم للشاب الصغير: لِمَ أنت تعس يا ولدي؟ فرد: لأني فقير، ولا أجد مالاً ولا عملا ولا يساعدني أحد، وحبيبتي هجرتني.

- **انتفض، ينتفض، الانتفاض (ن ف ض)**

= قفز من مكانه فجأة

to flounce; to quiver; to shake off; to rise

انتفض الطائر من عشه عندما صوَّب أحدهم طلقة ناريّةً تجاه الشجرة؛ فانزعج وطار بعيدًا.

- **هوَى، يهوي (هـ و ي)**

= سقط، وقع

to fall down; to tumble; to plunge

هوى حجر فوق السيارة فكسر زجاجها.

- **جمُد، يجمد، الجمود (ج م د)**

= أصبح جامدًا ليس فيه حركة

to freeze; to stiffen

أدخلت الأم قوالب الماء في الثلاجة كي يجمُد الماء ويصبح قوالب ثلج.

- **باغت، يباغت، المُباغتة (ب غ ت)**

= فاجأ

to startle

ظن اللاعب المهاجم أنه انفرد بحارس المرمى؛ لكن المدافع باغته فجأة وأتى من الخلف وأزاح الكرة من أمامه.

- **مُتَلَبِّس بـ (جريمة) (ل ب س)**

= الجريمة ثابتة عليه ولا يمكنه إنكارها

red-handed; guilty of

قبض الضابط على المجرم متلبسًا بجريمته، فاعترف أمامه بلا تردد.

- **مُتَّقد (و ق د)**

= يخرج منه ما يشبه النار؛ مشتعل

lit; ablaze; fiery

كان وجه العريس متقدًا، و يمتلئ بالحيوية، أما وجه عروسه فكان يشبه وجه امرأة في الستين. لاشك في أنها غير راضية عن هذا الزواج!

- **مزَّق، يمزق، التَّمزيق (م ز ق)**

= قطّع تمامًا

to tear to pieces; to rip off

أُصيب الشاب بصدمة عاطفية؛ لقد اكتشف أن حبيبته تخونه، لذلك أمسك كل صورها ومزَّقها حتى لا يرى أي شيء من وجهها الذي كان يحبه في يوم من الأيام.

- **رهيب (ر هـ ب)**

= مخيف جدًّا

terrifying; terrible

هذا الزلزال الرهيب دمَّر كل شيء في المدينة، والضحايا أكثر مما نتخيل.

- **مُشرَّب بـ (ش ر ب)**

= فيه شيء من . . . (خصوصًا اللون)

saturated with; infused with

كان وجهه مشربًا بسمرة خفيفة تذكرني بأمه التي أحببتها يومًا ما.

- **غَلَط، ج. أَغْلاط (غ ل ط)**

= خطأ

mistake; wrong

قال التلميذ الصغير للمعلم: ٣ + ٥ = ٩، فرد المعلم: غلط ٣ + ٥ = ٨.

- **مآل (ء و ل)**

= نتيجة في المستقبل

outcome; repercussions; "consequence

سقط نظام الديكتاتور، وكان مآله السجن.

- **فضيحة، ج. فضائح (ف ض ح)**

= كل كلام ينتشر بين الناس ويسيء إلى شرف الشخص وسمعته

scandal

خوف البنت من الفضيحة جعلها ترجوه ألا يكشف أمرها.

- **عار (ع ي ر)**

عكس: شرف

infamy; shame

عار على العرب أن يقفوا صامتين أمام الاعتداءات والانتهاكات التي تحدث في فلسطين كل يوم.

- **مَخْدَع، ج. مخادع (خ د ع)**

= حجرة النوم

bedroom

ذهب الرجل إلى مخدعه كي ينام ويستريح بعد ما لاقاه من تعب في العمل.

- **تهالَك، يتهالك، التَّهالُك (هـ ل ك)**

= سقط من التعب أو الحزن

worn out

يبحث الرجل عن عمل آخر غير عمله الشاق؛ إنه يتهالك كل يوم ويرفع عشرات الأكياس الثقيلة فوق ظهره ويصعد بها الطوابق.

- **خائر (القوى) (خ و ر)**

= ضعيف بلا قوة

spiritless; weak; exhausted; feeble

أشفق الولد على أبيه بعدما رآه خائر القوَى؛

فالأب كبير السن، وعمله بعيد عن البيت، لذلك فالأب لا يستطيع الوقوف على قدميه مدة طويلة.

- **شَبّ، يَشبّ (الحرب/ النار) (ش ب ب)**

= ظهر فجأة وانتشر بسرعة

to break out; to erupt (war or fire)

شبت النار في كل مكان داخل البيت بعدما رمى أحدهم سيجارة قبل أن يطفئها.

- **قانون، ج. قوانين (ق ن ن)**

= قاعدة ثابتة متفق عليها

law

لكي تصبح بلدنا من بين الدول المتحضرة يجب أن يحكمها القانون، ويجب أن يكون القانون فوق الجميع: الحكام والمحكومين.

- **فِطْرة (ف ط ر)**

= الطبيعة التي خلقنا الله عليها

instinct; nature

قانون الفطرة يحكم أن كل البشر في كل زمان ومكان يحبون أحيانًا ويكرهون أحيانًا، ويفرحون ويحزنون، ويستريحون ويتعبون.

تعبيرات وتراكيب

رَبُّ البيت

أي: الأب المسئول عن البيت

- أبي هو الذي يعمل ويحصل على المال وينفق علينا ويشتري لنا كل شيء؛ لأن أبي هو رب البيت.

غلب على ظن(ـه)

= اعتقد

- لم يقلق الرجل عندما سمع صوتًا في المطبخ في وقت متأخر؛ فقد غلب على ظن الرجل أن ولده استيقظ ليشرب ماء.

أُعِدّ أُهبتي

= أجهز نفسي

- الأسرة تعد أهبتها كي تنطلق إلى المطار: الأم تجهز أرغفة الطعام، والأولاد يرتدون الملابس، والأب يجهّز حقيبة السفر.

عَرَكتها الحياة

تعبير كلاسيكي يعني أنها عاشت تجارب متعددة قاسية في الحياة.

- نشأت طفلةً يتيمة، عركتها الحياة في طفولتها وشبابها، فلم يكن لها أب يساعدها ولا أم تعتني بها.

ذُقتُ الأمرَّين

تعبير يعني عشت تجارب صعبة مؤلمة. والشيء المُرّ في الحياة عند العرب غالبًا هو الفقر أو الجوع أو المرض.

- عاش المجرم في السجن عشر سنين، حيث عُومل معاملة قاسية، وعُذِّب كثيرًا، ولمّا خرج من السجن قال: لقد ذقت الأمرين هنا في السجن، ولن أعود إلى الإجرام ثانية.

مِن طرْف خفيّ

أي: بطريقة غير مباشرة

- تسلل اللص إلى البيت، وأخذ ينظر إلى أفراد المنزل من طرف خفي من دون أن يراه أحد.

مركز مالي

أي: الوضع الاقتصادي (لشركة أو دولة أو شخص)

- المركز المالي للشركة أصبح قويًا بعد أن ضمت إليها الشركة المنافسة.

في حيرة من أمري!

أي: لا أعرف ما يجب عليَّ أن أفعله!

- قالت العاملة: أنا في حيرة من أمري؛ لا أعرف ماذا أفعل! هل أختار العمل في هذه الشركة أم في ذلك المصنع!

طبع قُبلة (على)

أي: قبّل

- حين نجحت ابنتي طبعت قبلة على جبينها ووعدتها بهدية قيّمة.

كيف شِئْت!

أي: كما تريد!

- الأب لابنه: هل تحب الذهاب إلى الحديقة أم إلى السينما؟ الابن: كيف شئت! الحديقة عندي مثل السينما؛ كلاهما سواء.

ما حييت!

أي: طوال حياتي

- أنا رجل رياضي، أحافظ على صحتي، و أهتم بالاستيقاظ والنوم مبكرًا، ولن أضع سيجارة في فمي ما حييت.

أسند رأسه إلى راحته

أي: وضع رأسه بين يديه، وهو تعبير حركي.

- كان الرجل يفكِّر بتركيز شديد في موضوع ما، فأسند رأسه إلى راحته حتى ابتلَّ خده من العرق، وكان منظره يائسًا.

تدريبات على مفردات قصة "صح"[٧]

١. ضعوا دائرة حول الكلمة الغريبة (من حيث المعنى أو المجال) في كل مجموعة:

أ. جبهة – صدر – قلب – دمعة

ب. فضيحة – طائفة – نفَر – أتراب

ج. وحيد – مهذب – يتيم – أرمل

د. تبين – طوح – انتزع – مزق

ه. بشاشة – برفق – بمزاح – بعتاب

و. تعاسة – أسى – منفعة – اكتئاب

ز. نفور – رغبة – تجاهل – خشونة

ح. طمأنينة – وحشة – ارتباك – حيرة

ط. ظن – اشتد – وثق – اطمأن

٢. ضعوا حرف الجر المناسب:

أ. ليس مقبولاً أن يجتمع نفر .... العرب في لندن ليتحدثوا في شئون بلادهم فيسنعهم الأسن.

ب. كان له مجلس خاص ببعض أصدقائه من الذين يشاورهم ويأنس ....ـهم.

ج. كان باديًا............ وجهها أنها تتوقع وجودي هنا.

د. فجأة، خطفتني من أفكاري طلقات نارية انطلقت على مقربة ....ـي. وهزتني بقوة، كأن رصاصها اخترقني.

---

٧ صححوا إجاباتكم من على الموقع الإلكتروني للكتاب.

هـ. يغلب .... ظني أن واشنطن كانت تسعى إلى إقرار تسوية نهائية في المشرق.

و. الشاعر الفلسطيني كمال ناصر تنبأ .... استشهاده في إحدى قصائده.

ز. سبق أن نبهت وكالة غوث اللاجئين وقيادة الناتو .... خطر الألغام التي خلفتها الحروب العالمية في بعض بلدان الوطن العربي.

ح. حاولت أن تطبع قبلة حانية .... جبينه وهو نائم من دون أن تزعجه، فإذا به يفتح عينيه ويبتسم.

ط. جلس وقد رمى رجليه أمامه وأسند رأسه .... راحته؛ فقد كان متعبًا وحزينًا.

٣. صلوا الكلمة أو العبارة بعكسها:

الكلمة	العكس
أ. اتفاق	خشِن
ب. سعادة	منفعة
ج. ضرر	مهذب
د. قليل الأدب	اختلاف
هـ. ناعم	مصمم
و. قلَق	أسى
ز. شك	ثقة
ح. متردد	طمأنينة

٤. اكتبوا جمع كل كلمة من الكلمات الآتية في جملة:

حـارة:

منفعة:

طائفة:

مهذب:

أرمل:

خلاف:

مجاملة:

اعتراف:

غلط:

فضيحة:

٥. أكملوا الجمل الآتية بكلمات من بين الأقواس:

(يستأنف - يأنس - حتما - رفق - مزدوجة - مفتعل - مفروشة - منفعة - طائفة - سأم)

أ. العالم العربي يعيش اليوم أزمة ....: أزمة حكم وحكومات، وأزمة معارضة.

ب. تعتبر قضايا نزع الملكية من أجل الـ..................... العامة من القضايا الكثيرة المهمة التي تعرض على المحاكم الإدارية.

ج. هنأ الرئيس السوري أبناء الـ....................... الأرمنية بعيد الميلاد المجيد.

د. تبدأ التجارة في ذلك المكان من تجارة العملة والخمور المهربة حتى تزويج الشيوخ العرب بفلاحات صغيرات في الشقق الـ..........
....

ه. نظر جدي إلي الساحر وقال له: رائع! لقد أزلتَ الـ.................. والملل والضيق من صدري.

و. هناك سبب طارئ لإبقاء السلطات الطفلة في ألمانيا، فهي لا تزال—.........—في مرحلة العلاج.

ز. قرر المدرب منح اللاعبين ثلاثة أيام إجازة لـ.................... الفريق بعدها تدريباته يوم الثلاثاء المقبل.

ح. كان في البلد إنسان واحد .... إليه ويهش له ويتحدث معه. ذلك هو محمد الزين.

ط. كان في نقده يلفت نظر الناس بـ.................... وهدوء إلى الصواب، من دون أن يزعم أو يدّعي امتلاك الحقيقة النهائية.

ي. هناك فرق بين ما يظهره وما يبطنه، فهو يبدو هادئ الطبع، ولكنه هدوء .... أستطيع أن أكتشفه من خلال حركات أصابعه.

٦. أكملوا النصف الآخر من الجمل الآتية:

أ. إنه يقول بعد أن عركته الأيام وعركها: إن العالم ليس حلماً جميلاً، ....
....

ب. أطرقت وشكرت الله على ....
....

ج. لقد ندمت على كل ما فعلت، وأقسمت ألا أعود للخمر ما حييت، و.........
....

د. قال أحد الحكماء يوصي ابنه: يا بني، إني ذقت الطيبات كلها فلم أجد أطيب من الصحة، وذقت المرارات كلها فلم أجد أمرّ من ....
....

ه. فتحت زوجته الباب، والعتاب يملأ عينيها؛ فقال: ....
....

و. أحست حركته وفتحت عينيها وفوجئت بالهدية، فابتسمت ابتسامة شاحبة وهي تقول له: ....

ز. وصلت الأزمة بين سوريا وتركيا إلى حافة الانفجار، ....
....

ح. لقد مزقت الحروب والاحتلالات والصراعات الداخلية عددًا من المجتمعات العربية، ....

ط. على الرغم من أن هذا الكتاب يتحدث عن الحضارة الغربية، فإنه..........
....

ي. تواجه دول الخليج العربية نفورًا في الغرب ليس له مثيل منذ ....
....

ك. منذ طفولتي لم أكن راضية عن شكلي؛ ربما بسبب ....
....

ل. لابد أن كل امرأة تذكر أول..
....

٧. صلوا نصف الجملة بالنصف الآخر

أ. وكالات الأنباء أبدت رغبتها	عبء ثقيل على الطلاب.
ب. أطفال الشوارع	حتى لا يباغتني المطر.
ج. تؤكد الأبحاث أن الامتحانات	حين سمعت طرقات على باب الدار تكاد أن تكسره.
د. وبعد أن تمكن من الانفراد بالحارس الكوري	بالنسبة لاختيار القسم الذي أتخصص فيه.
ه. خرجتُ صباحًا وأخذت معي رداءً ثقيلاً	وضمها إلى صدره وبدأ يبكي.
و. بعد موت أبيها جاء إليها راكضًا من المستشفى	في حاجة شديدة إلى أسر تكفلهم.
ز. لقد أفاقت الفتاة من نومها مذعورة	في التعاون مع مصر في مجال الإعلام.
ح. عند دخولي الجامعة كنت في حيرة من أمري	طوح بالكرة خارج المرمى.

٨. اكتبوا كلمة مشابهة في الوزن لما يأتي، ثم ضعوها في جملة :

أ. رهيب:

ب. مزَّق:

ج. انتفض:

د. راضية:

ه. اجتاز:

و. ارتباك:

٩. أكملوا الجمل الآتية بكلمات جديدة (مشتقة من الجذور بين الأقواس):

أ. لا يختفي أحد من أبناء ....ـنا على هذا النحو إلا إن كان قتل! (ح ي ر)

ب. أقوال كثيرة توضح حقيقة الصورة التي قدمها التاريخ .... غير الحقيقي عن الملك فاروق آخر الملوك المصريين. (ز ي ف)

ج. بدا بوتين خلال ظهوره التليفزيوني الأول كرئيس للوزراء .... هادئًا جامدًا، بحكم شخصيته كعميل سابق للمخابرات السوفيتية (كي جي بي). (ر ز ن)

د. كان مجلس الشيوخ الفرنسي قد .... في نهاية هذا الأسبوع تعديلاً حكوميًا لمشروع موازنة الضمان الاجتماعي. (ب ن ي)

ه. تجد .... بعد وفاة زوجها أن أحوالها تتجمد وكأنما كتب عليها الموت هي الأخرى! (ر م ل)

و. بعض هذه الأدوية يسبب .... وبعض الأمراض النفسية الأخرى. (ك ء ب)

ز. هناك أمر لم تعد تنكره واشنطن أو تحاول .... بل إنها تجاهر بأن إسرائيل لها وضع خاص عندها. (خ ف ي)

ح. إن الحكومة لن توقف مسيرتها أية أزمة .... أو مصطنعة؛ فإن من أسس عملنا أن ننشئ آليات لعبور الأزمات. (ف ع ل)

ط. لك أن تتخيل الفرحة التي ارتسمت على .... الجماهير لفوز نادي الاتحاد علي نادى القناة واحد - صفر. (ش ف هـ)

ي. على الرغم من عدم معرفة حمزة باللغة الأسبانية فإنه استطاع أن .... مع المدرب المكسيكي بالإشارة! (ف هـ م)

ك. يقع .... والمسئولية على كاهل المثقفين لإحداث التغير المنشود في البنيان الثقافي. (ع ب ء)

ل. لا تزال مصر تستورد عدة سلع، وإن كانت تعمل على جعل التصدير .... نشاطها الاقتصادي، ومركز اهتمامها. (ح و ر)

قصة "صح" لمحمود طاهر لاشين

أولاً: التمهيد

١. على كل طالب أن يكتب جملة للتعليق على الصورة الآتية، ثم نقرأ تلك الجمل أمام الآخرين.

٢. للمناقشة: "يطمح كل رجل إلى أن يجد الزوجة الصالحة التي تكوّن معه أسرة سعيدة هانئة وكذلك المرأة تطمح إلى أن تجد زوجًا صالحًا تسكن إليه ويعينها، وهذا شيء فطري في الرجل والمرأة، ولكن يجب أن تتوافر لهذا الزواج شروط لكي يكون زواجًا ناجحًا، ولا أعني بالزواج الناجح الزواج الذي يدوم أطول زمن فربما هنالك زيجات لها عشرات السنين ولكن بدون سعادة."

ناقشوا مع زملائكم:

أ. ما شروط الزواج الناجح؟

ب. هل زواج كبار السن من فتيات صغيرات خطأ؟

٣. استطلاع رأي: والآن اعرفوا رأي عدد من المصريين، واملأوا الجدول الآتي:

مسلسل (رقم)	الاسم	السن	العمل	الحالة الاجتماعية	هل زواج كبار السن من فتيات صغيرات خطأ؟ لماذا؟

٤. اكتبوا تقريرًا تعرضون فيه نتائج استطلاع الرأي، وحضِّروا تقديمًا شفويًا لعرض أهم النتائج الواردة في هذا التقرير.

٥. الرُّبى الرابط رقم (١): في مجموعتين:

أ. ابحثوا في أي محرك بحث مثل جوجل عن "زواج كبار السن فتيات صغيرات."

ب. تقرأ المجموعة (أ) ما جاء في أحد الروابط، وتقدم تلخيصًا لأهم الآراء.

ج. تقرأ المجموعة (ب) ما جاء في رابط آخر، وتقدم تلخيصًا لأهم الآراء.

د. اعقدوا مقارنة بين رأيكم الشخصي في هذا الموضوع، وما قرأتم من آراء في المدونات.

ثانيًا: القراءة الأولى

١. اقرأوا الجزء الآتي من قصة "صح" وحاولوا أن تحددوا الآتي:

أ. لماذا تبكي الفتاة؟

ب. ما علاقتها بالشاب الذي طبع القبلة على جبينها؟

ج. في رأيكم من هو الشيخ؟ وما علاقته بالفتى والفتاة؟

د. لماذا انتفضت الفتاة واقفة؟

ه. في رأيكم، ما الجريمة التي يتحدث عنها؟

راجعوا إجاباتكم مع باقي طلاب الصف، ثم اكتبوا مقدمة القصة في فقرتين.

"وأجهشت بالبكاء. فتقدم إليها الفتى فطبع على جبينها المبلل قبلة إخاء وعطف. ما أن فعل ذلك حتى فُتح الباب فجأة، وظهر الشيخ.

فانتفضت الفتاة واقفة وكادت تهوي ثانية لولا أن أمسكت بقوائم المقعد. وجمد عبد الرحمن في مكانه كأنه اللص بوغت متلبسًا بالجريمة!

أما الشيخ فتقدم تجاههما قليلاً، متقد العينين. ولكن ابتسامة غامضة ارتسمت على شفتيه، وجعل يجيل بصره ما بين الفتى والفتاة، مرددًا قوله: ما شاء الله. ما شاء الله! ومرت لحظات ساد فيها صمت مطلق. وأطرق الجميع، فكان موقفًا رهيبًا مخيفًا.

ولكن ما لبث الفتى أن مزق هذا السكون بقوله: هل سمعت حديثنا؟!

فأجاب الشيخ والابتسامة الغامضة ما زالت تلعب على شفتيه: سمعت الكفاية!

وقال بعد فترة بهدوء مشرب بالحنان: إنني في حيرة من أمري. أكاد أكذب سمعي وبصري. ولكن الله سلم. وأنقذنا جميعًا من سلسلة أغلاط مآلها الفضيحة والعار. أنا أعلم أن التبعة لا تقع عليكما وحدكما. بل أنا ثالثكما فيها. فناما، وغدًا يفعل الله ما يريد.

سمعا وقع أقدامه على السلم. ثم نظر كل منهما إلى الآخر نظرة ملؤها الدهشة، وسارت دولت إلى مخدعها بخطوات ميكانيكية. وارتمى الفتى على فراشه.

وما كاد صالح أفندي يبلغ مقعده حتى تهالك عليه خائر القوى ثم ركز ذراعيه على المكتب وأسند رأسه إلى راحته. وقامت بين جَنْبَيْه ثورات وشبت حروب. ولكنها هدأت أخيرًا. ورفع الشيخ رأسه وهو يقول الشابة للشاب. ذلك قانون الفطرة.

وشخص ببصره في الفضاء هنيهة، ثم عاد فأمسك قلمه الأحمر، وكتب "صح" على أول إجابة وقع عليها بصره."

٢. الآن اقرأوا القصة، وقارنوا بين تصوركم للأحداث والأحداث كما جاءت في قصة محمود طاهر لاشين.

صح[8]

في حارة س... منزل يعرف بين أهل الحي بمنزل (الخوجة)، وفي الطابق الأرضي منه غرفة مزدوجة المنفعة، فهي غرفة استقبال الزائرين: قد صُفَّت إلى جانبيها بعض مقاعد ضخمة من الطراز التركي، وغطيت حوائطها بالعدد الكثير من الآيات القرآنية، والصور الفوتوغرافية، بعضها إلى جانب البعض دون أي ذوق فني والغرفة أيضًا مكتبة البيت، قد وضع فيها مكتب متوسط العمر والحجم في نهايتها المقابلة للباب، وخزانة كتب إلى يسار الباب نفسه، فيها طائفة من الكتب القيمة أمثال الأغاني ونفح الطيب واللسان، وأخرى عادية، وأرض هذه الغرفة مفروشة بسجاد من مخلفات الست الكبيرة.

ورب البيت مدرس يعلم الحساب في بعض المدارس، اسمه صالح أفندي، هو شيخ في نحو الخمسين، عاش في الحي أكثر من خمسة عشر عامًا كان طوالها نموذج الرجل الكامل المهذب الرزين، ولم يكن له غير شيشة يدخنها عصر كل يوم في قهوة على ناحية الشارع العمومي، حيث يجتمع بنفر قليل من أترابه، قد أنسوا وأنس بهم منذ زمن بعيد. وكان أول يوم جمعة بعد انقضاء السنة المدرسية. كان صالح أفندي جالسا إلى مكتبه في ثياب البيت: جلباب أبيض وطاقية بيضاء في استدارة الرأس: وكان وقتئذ يجيل بصره، من فوق منظاره الذهبي، في أوراق امتحان الحساب التي أمامه، وكان السأم باديًا على وجهه، كان حتماً عليه أن ينتهي منها جميعها في ذلك اليوم، لأن حضرة البيك الناظر قد أعطى الأوامر المشددة بذلك.

وفيما كان يتلهى بإعادة ترتيب الأوراق التي تمت مراجعتها، ومقارنتها بالكم الباقي، إذ بنقرات على باب الغرفة ودخل شاب في نحو الخامسة والعشرين فهش صالح أفندي لمقدمه:

- أنت هنا يا أبا عوف؟! كنت أظنك خرجت كعادتك!

ولو أن ثالثًا حضرهما، ولاحظ اكتمال الشبه بين جبهتيهما في اتساعهما، لغلب على ظنه أن أبا عوف هذا ابن ذلك الشيخ، ولكن الحقيقة أنه ابن أخ له مات.

كانت زوجة صالح أفندي ماتت أيضا قبل ذلك بعامين، ورأى لمّ الشتات، فتبنى اليتيم، واتخذ من الأرمل زوجًا و من الأرملة زوجة.

---

٨ من المجموعة القصصية "يُحكى أن،" ضمن: محمود طاهر لاشين (١٨٩٤-١٩٥٤)، سلسلة رواد الفن القصصي (الأعمال الكاملة)، المجلس الأعلى للثقافة، القاهرة، ط١، ١٩٩٩.

أجاب الشيخ بقوله:

- كلا يا عمي، لم أخرج، ولكنني كنت أعد أهبتي للسفر غدًا.

فبدت الدهشة على وجه صالح أفندي، فمد يده إلى نظارته فانتزعها، وطوح بها على المكتب برفق، ثم قال:

- تسافر غدًا؟ ما معنى هذا! أجلس وأخبرني . . . هل ألغيت إجازتك، أم ماذا؟

فجلس عبد الرحمن على مقعد ملاصق للمكتب وقال بمزاح مفتعل:

- إنني سأسافر إلى الإسكندرية لمجرد تغيير الهواء.

- يا عبد الرحمن! أنت ابني الأوحد، والمثل السائر يقول: إذا كبر ابنك خاويه، وها أنت ذا كبرت، وصرت مهندسًا، وعركت الحياة العملية مدى عامين، لذلك سأصارحك، وأطلب إليك أن تصارحني.

فنظر إليه الفتى نظرة من يحاول التنبؤ بما سيكون، وتمتم قائلاً: ستجدني عند ظنك بي.

قال الشيخ: إنك ستسافر، لا لتغيير الهواء، بل لسبب آخر لم يخف علي.

وبادر فقال بصوت يكاد يكون مرتفعًا: أي سبب تعني يا عمي؟ فقال الشيخ: السبب . . . هو الخلاف . . . أو سوء التفاهم . . . أو سمِّه كيف شئت، الذي بينك وبين دولت.

فاستشعر عبد الرحمن الطمأنينة، وأطرق إلى الأرض فقال: كلا . . . مطلقًا . . . ليس هناك خلاف أو سوء تفاهم.

وتناول العم نظارته وأخذ يقلبها بين أصابعه شأن من يشعر بأنه قادم على موضوع دقيق وبعد هنيهة قال: لا. لا. تلك الحقيقة قد تبينتها منذ أكثر من أسبوع . . . لقد كنت أريد أن أذهب إلى طنطا لأتفاهم معك، ولكن لم يتيسر لي ذلك، فاكتفيت بالخطاب الذي أرسلته لك، وبالكلمات الطيبة التي رددت عليَّ بها.

فقال عبد الرحمن: ثق يا عمي أنني إنما كتبت إليك وقتئذ بخالص رأيي دون مجاملة أو خداع نفس وأنني . . .

فقاطعه صالح أفندي قائلاً: أنت تعلم أنه لما ماتت والدتك — رحمة الله عليها — انتويت عدم

الزواج ما حييت، وظللت على عهدي ثلاث سنوات. ثلاث سنوات ذقت فيها الأمرّين من وحشة الدار وارتباك العيش . . . ثم حدث أن صادفت والدة هذه الفتاة، فأنهت إليَّ خبر موت زوجها، وكان من أعز أصدقائي، وأشارت من طرف خفي إلى حرج مركزها المالي، وأظهرت رغبتها في أن تضع ابنتها في رعايتي . . . وبعد إقبال وإحجام، وحرب قامت في نفسي كنت أنت محورها، وكان خطابك رسول السلام فيها . . . فتزوجت منها.

وتضاحك، ثم قال: والآن، أرى أن لا داعي للسفر، أليس كذلك؟

فقال عبد الرحمن: بل أنا ما زلت مصمماً عليه.

فاكتأب الشيخ، وقال في لهجة العتاب: إن إصرارك هذا يؤلمني يا أبا عوف . . . اذهب . . . اذهب. وفكر في الموضوع.

وافت الساعة العاشرة، فأعلنت مَقْدِمَها ساعةٌ ثبتت في صدر الطابق الأعلى، فنبهت دولت هانم، فمسحت بيدها الصغيرة بعض دمعات الأسى، ثم صارت بخطوات المتعب إلى نافذة تطل على فناء الدار، وقالت تخاطب زوجها:

- أما تنتهي يا أفندي؟

فأجابها بهدوء دون أن يرفع رأسه:

- سأنتهي بعد قليل اذهبي أنت فاستريحي.

اجتازت الفسحة إلى غرفة الفتى.

أفاق ونهض واقفاً وقد اشتد خفقان قلبه، ولكنه أسرع فقال:

- مَن بالباب؟!

فأجابت بصوت خافت:

- أنا. هل أنت نائم أم مستيقظ؟

فبردت أطراف الفتى، وتزايدت ضربات قلبه غير أنه قال:

- بل مستيقظ . . . تفضلي.

وفتح الباب فدخلت، فأغلقه خلفها، وضمت الغرفة فتى وفتاة!

قالت وهي شاحبة كتمثال من الشمع:

- ظننت النوم أخذك . . . فجئت أنبهك.

فأطرق الفتى وقد ارتسمت على شفتيه ابتسامة حزينة:

- هل صعد عمي.

- لا.

- كنت أود أن أحادثه قبل أن ينام.

وجلست دولت إلى مقعد وجلس هو على حافة السرير.

ثم قالت: أظنك تريد أن تحادثه في أمر سفرك. ألم تعدل عنه بعد؟

فهز أكتافه وقال: لا.

- إذن فلماذا تسافر؟

- تسألينني عن سبب سفري؟! أنت تتجاهلين! دولت، أنت وحدك تعلمينه.

فرفعت الفتاة رأسها وقالت: الحذر. اخفض صوتك.

وتابع الفتى كلامه كأن لم يسمع من كلامها شيئًا وقال:

- دولت. لقد أحببتك منذ التقى بصري بك، فعمدت إلى الخشونة معك. تلك الخشونة التي حسبها عمي نفوراً وسوء تفاهم. ولكن . . .

وفجأة قطع حديثه وتقدم إلى باب الغرفة فتسمع. فلم يسمع شيئاً ثم عمد إلى النافذة فرأى الغرفة التي بها عمه لما تزل مضاءة. وما كاد يلتفت إلى دولت حتى قالت في لهفة:

- أهو صاعد؟

- لا إنه ما زال يعمل . . . يا للرجل المسكين!!

ثم استأنف اعترافاته، فقال:

- ولكن نظرة واحدة من عينيك الساحرتين أول من أمس. . . تلاشت قواي. برغم ذلك ذكرت ذلك الشيخ الذي هو عمي وأبي وأخي مجتمعين. ذلك الشيخ الذي كفلني أنا وأمي. ذكرت ذلك الشيخ فتضاربت العواطف في صدري، ولم أدر إذ ذاك ماذا أفعل.

- تسافر! وماذا يكون من أمري؟

فقال الفتى:

- تعملين جهدك في أن تعيشي مع زوجك عيشة راضية. فالرجل يحبك. ويبالغ في إرضائك.

فقاطعته دولت والحزن ينساب في كلماتها: نعم إنه يحبني. ويبالغ في إرضائي. هذا صحيح، وأنا أحترمه من أجل ذلك وأجله. ولكن أهذا كل شيء؟! أهذا كل شيء!!

فطوَّح عبد الرحمن يده وقال: كاد هذا يكون كل شيء في أغلب بيوتنا المصرية.

فقالت الفتاة: ما دام الله قد أراد ذلك. فسأعيش كما أراد. ولكنني سأكون تعسة.

وأجهشت بالبكاء. فتقدم إليها الفتى فطبع على جبينها المبلل قبلة إخاء وعطف. وما أن فعل ذلك حتى فتح الباب فجأة، وظهر الشيخ.

فانتفضت الفتاة واقفة وكادت تهوي ثانية لولا أن أمسكت بقوائم المقعد. وجمد عبد الرحمن في مكانه كأنه اللص بوغت متلبسًا بالجريمة!

أما الشيخ فتقدم تجاههما قليلاً، متقد العينين. ولكن ابتسامة غامضة ارتسمت على شفتيه، وجعل يجيل بصره ما بين الفتى والفتاة، مرددًا قوله: ما شاء الله. ما شاء الله! ومرت لحظات ساد فيها صمت مطلق. وأطرق الجميع، فكان موقفًا رهيبًا مخيفًا.

ولكن ما لبث الفتى أن مزق هذا السكون بقوله: هل سمعت حديثنا؟!

فأجاب الشيخ والابتسامة الغامضة ما زالت تلعب على شفتيه: سمعت الكفاية!

وقال بعد فترة بهدوء مشرب بالحنان: إنني في حيرة من أمري. أكاد أكذب سمعي وبصري. ولكن الله سلم. وأنقذنا جميعا من سلسلة أغلاط مآلها الفضيحة والعار. أنا أعلم أن التبعة لا تقع عليكما وحدكما. بل أنا ثالثكما فيها. فناما وغدًا يفعل الله ما يريد.

سمعا وقع أقدامه على السلم. ثم نظر كل منهما إلى الآخر نظرة ملؤها الدهشة، وسارت دولت إلى مخدعها بخطوات ميكانيكية. وارتمى الفتى على فراشه.

وما كاد صالح أفندي يبلغ مقعده حتى تهالك عليه خائر القوى ثم ركز ذراعيه على المكتب وأسند رأسه إلى راحته. وقامت بين جنبيه ثورات وشبت حروب. ولكنها هدأت أخيرًا. ورفع الشيخ رأسه وهو يقول: الشابة للشاب. ذلك قانون الفطرة.

وشخص ببصره في الفضاء هنيهة، ثم عاد فأمسك قلمه الأحمر، وكتب "صح" على أول إجابة وقع عليها بصره.

ثالثًا: القراءة الثانية

١. ضعوا علامة (✓) أمام العبارة الصحيحة، وصححوا العبارات غير الصحيحة:

أ. المشهد الأول من القصة يصف غرفة الاستقبال. ( )

ب. غرفة الاستقبال تدل على ذوق رفيع. ( )

ج. صاحب البيت يعمل في المحاسبات. ( )

د. صالح أفندي رجل في منتصف العمر. ( )

ه. صالح أفندي له أصدقاء يحبهم ويدخن الشيشة معهم. ( )

و. يشعر صالح أفندي بالسأم لأنه يعيش وحيدًا في بيته. ( )

ز. أبو عوف يشبه صالح أفندي لأنه ابنه. ( )

ح. يريد أبو عوف السفر للإسكندرية لتغيير الهواء. ( )

ط. الشيخ يظن أن سبب السفر هو الخلاف بين زوجته وابن أخيه. ( )

ي. تألم عبد الرحمن من خبر زواج عمه. ( )

ك. عدَل عبد الرحمن عن سفره وغيّر رأيه بعد حديث دولت معه. ( )

ل. عبد الرحمن أكثر صراحة من دولت. ( )

٢. اقرأوا الصفحة الأولى من القصة، وارسموا صورة لصالح أفندي. هل يذكركم صالح أفندي بشخصية تعرفونها في الحياة؟ مَن؟ وما أوجه الشبه أو الاختلاف بينهما؟

٣. ارسموا صورة لغرفة المعيشة توضح استخداماتها المختلفة بحسب فهمكم للنص.

٤. "كانت زوجة صالح أفندي ماتت أيضًا قبل ذلك بعامين، ورأى لمّ الشتات، فتبنى اليتيم، واتخذ من الأرمل زوجًا . . . " من اليتيم ومن الأرمل الذي يتحدث عنهما الراوي في هذه العبارة؟

٥. أجيبوا عما يأتي إجابة تامة:

أ. لماذا تزوج صالح أفندي من فتاة تصغره سنًا؟

ب. لماذا يريد عبد الرحمن السفر؟

ج. لماذا لجأ عبد الرحمن إلى الخشونة مع دولت؟ وكيف فسرَّ عمُّه هذه الخشونة؟صفوا حال صالح أفندي بعد موت زوجة أخيه.

د. "وبادر فقال بصوت يكاد يكون مرتفعًا: أي سبب تعني يا عمي؟" لماذا في رأيك شعر عبد الرحمن بهذا الشعور؟

ه. "اجتازت الفسحة إلى غرفة الفتى." في الجملة السابقة إشارة إلى رجل وامرأة، من هما؟ وأين تدور هذه الأحداث؟

و. "فطوح عبد الرحمن يده وقال: كاد هذا يكون كل شيء في أغلب بيوتنا المصرية." ما "الشيء" الذي يشير إليه عبد الرحمن في هذه العبارة بحسب ما فهمتم من القصة؟

ز. "وما كاد صالح أفندي يبلغ مقعده حتى تهالك عليه خائر القوى ثم ركز ذراعيه على المكتب وأسند رأسه إلى راحته. وقامت بين جنبيه ثورات وشبت حروب. ولكنها هدأت أخيرًا. ورفع الشيخ رأسه وهو يقول: الشابة للشاب. ذلك قانون الفطرة. وشخص ببصره في الفضاء هنيهة، ثم عاد فأمسك قلمه الأحمر، وكتب "صح" على أول إجابة وقع عليها بصره."

ما قانون الفطرة الذي يتكلم عنه صالح أفندي في العبارة السابقة؟

ح. ما رأيك في نهاية القصة؟ ولماذا وضع علامة "صح" على أول إجابة؟

رابعًا: نقاش في الصف

١. ناقشوا في الصف ما يأتي:

أ. هل نجح الكاتب في وصف المكان والشخصيات؟ قدموا الأدلة على ذلك.

ب. استعار الكاتب بعض أساليب المسرح. أين؟ ولماذا؟

ج. هل نجح الكاتب في نقل السمات النفسية للشخصيات؟ كيف؟

د. تقدم هذه القصة نموذجًا للقَصص الواقعي. ما ملامح ذلك؟

خامسًا: نشاط كتابة

أنت صحفي/ صحفية، قرأت قصة محمود طاهر لاشين، وطلب منك كتابة مراجعة للقصة لتنشر في مجلة تهتم بالأدب والثقافة. اكتب/ ي ملخصاً للقصة، ثم اذكر/ ي أهم الخصائص الفنية والأسلوبية التي أعجبتك في القصة. ولا تنس/ ي وصف الشخصيات وصفًا دقيقًا يبين فهمك للخلفية الثقافية للمجتمع الذي تكونت فيه هذه الشخصيات.

نجيب محفوظ

التمهيد

١. انظروا إلى الصورة، واقرأوا العنوان، ثم أجيبوا عن الأسئلة الآتية:

أ. ماذا تعرفون عن نجيب محفوظ؟

ب. من خلال العنوان التالي، ما الخبر الذي سيأتي بعده؟

نجيب محفوظ في ذمة الله

صححوا إجاباتكم مع زملائكم.

١. كتابة وأسلوب:

أ. اقرأوا الخبر الآتى ثم أعيدوا صياغته بطريقة مبسطة لروايته لبعض أصدقائكم من دارسي اللغة العربية في المستوى المبتدئ.

توفي فجر اليوم في القاهرة الروائي المصري نجيب محفوظ، العربي الوحيد الحائز على جائزة نوبل للآداب. وكان محفوظ (٩٥ عاما) قد أدخل مستشفى الشرطة بحي العجوزة وسط القاهرة، يوم ١٠ أغسطس/آب الجاري، لإصابته بمشاكل في الرئة والكليتين. وذكر مصدر طبي أن محفوظ توفي في وحدة العناية المركزة، جَرّاءَ قرحة نازفة، بعدما أصيب بهبوط مفاجئ في ضغط الدم، وفشل كلوي.

وكان الروائي الشهير قد أدخل في يوليو/ تموز الماضي المستشفى ذاته إثر سقوطه في الشارع وإصابته بجرح غائر في الرأس تطلب جراحة فورية. وظل الروائي المصري الشهير حتى أيامه الأخيرة حريصًا على برنامجه اليومي في الالتقاء بأصدقائه في بعض فنادق القاهرة، حيث كانوا يقرأون له عناوين الأخبار ويستمعون إلى تعليقاته على الأحداث.[٩]

أولا: القراءة الأولى

اقرؤوا سيرة نجيب محفوظ ثم أجيبوا عما يأتي من أسئلة:

١. وزعوا الأحداث المهمة في حياة نجيب محفوظ على خط الزمن، كما في المثال:

٢. ضعوا علامة (✓) أمام الإجابة الصحيحة، وصححوا الإجابات غير الصحيحة:

أ. نجيب محفوظ من أسرة صغيرة. ( )

ب. كان لنجيب محفوظ إخوة كثيرون. ( )

ج. نشأ نجيب محفوظ في مجتمع.ذكوري ( )

د. والد نجيب محفوظ كان ديمقراطيًا في إدارة شؤون أسرته. ( )

ه. أنهى نجيب محفوظ دراسته الجامعية عام ١٩٣٤. ( )

و. أعد نجيب محفوظ نفسه للحصول على الدكتوراه في أحد فروع الفلسفة ( )

ز. كان سلامة موسى من أسباب ترك نجيب محفوظ لدراسة الجمال. ( )

---

٩ المصدر:
http//:www.aljazeera.net/news/archive/archive?ArchiveId336690=

ح. كان موضوع رواياته الأولى تاريخيًا. ( )

ط. أكمل نجيب محفوظ ثلاثيته في عام ١٩٥٦ . ( )

ي. تعتبر الحقبة من ١٩٥٢ إلى ١٩٥٩ فترة الإبداع السينمائي في حياة محفوظ . ( )

ك. نشر نجيب محفوظ "أولاد حارتنا" كاملة في الأهرام. ( )

ل. اهتم نجيب محفوظ بالكتابة الاجتماعية في أوائل الستينيات. ( )

م. تعتبر "أولاد حارتنا" و"اللص والكلاب" من الروايات الاجتماعية. ( )

ن. تركز أعمال محفوظ الاجتماعية على المجتمع والأسرة المصرية في النصف الأول من القرن العشرين. ( )

س. اتجه نجيب محفوظ إلى الكتابة الصوفية الفلسفية بعد محاولة اغتياله . ( )

٣. أجيبوا عن هذه الأسئلة :

أ. "تجيء أهمية محفوظ من أنه كاتب يعبر عن مجتمعه جيدًا." اشرحوا هذه العبارة من خلال فهمكم النص.

ب. ساذا عرفتم عن مسيرة محفوظ الفنية؟

ج. "تبدو أعمال نجيب محفوظ تعبيرًا أمينًا عن التحولات السياسية التي شهدتها مصر في القرن العشرين." اشرحوا هذه العبارة في ضوء فهمكم للنص.

د. ماذا تعرفون عن "حكايات حارتنا"؟

٤. أكملوا بحسب فهمكم للنص:

أ. مهد لظهور محفوظ ....

ب. كشفت مسيرة محفوظ الفنية عن ....

ج. من أهم الخصائص الفنية المميزة لكتابات محفوظ ....

د. برع نجيب محفوظ في وصف ....

ه. لغة محفوظ تتسم بـ...

و. يشبه كتاب "أحلام فترة النقاهة" كتاب "أصداء السيرة الذاتية" من حيث ..
....

ز. موضوع كتاب "أحلام فترة النقاهة" ....

ح. ارو/ ي النص لزميلك في الصف.

ط. ناقش/ ي مع زميلك كيف بسطت النص من حيث الحذف والإضافة والتغيير.

نجيب محفوظ

١- ولد بالقاهرة في ديسمبر عام ١٩١١م. وهو الابن السابع في أسرة متعددة الأبناء، والابن الوحيد في أسرة تنجب البنات. وقد تربى في جو أسري يسود فيه الرجل، ويكون على الزوجة أن تطيع زوجها.

٢- حصل على ليسانس الفلسفة في عام ١٩٣٤، وبدأ يعد نفسه للحصول على دكتوراه في علم الجمال، لكن الأدب جذبه، فكتب القصص القصيرة ابتداءً من عام ١٩٣٦، خصوصا بعد أن شجعه الكاتب المعروف سلامة موسى.

٣- وقد عمل محفوظ في بعض الوظائف الحكومية. وبدأ حياته الروائية بنشر ثلاث روايات حول التاريخ الفرعوني. ثم وصل إلى قمة موهبته في "الثلاثية" التي انتهى من كتابتها عام ١٩٥٢، لكنه لم ينشرها إلا عام ١٩٥٦. وفي الفترة بين عامي ١٩٥٢ و١٩٥٩ تفرغ للعمل في كتابة السيناريوهات السينمائية.

٤- نشر رواية "أولاد حارتنا" في جريدة الأهرام فوقف الأزهر ضدها، وتوقف نشرها بعد بعض الحلقات. وفي عام ١٩٦١ خرج الكاتب من مرحلة التأمل لينشر عددًا كبيرًا من الروايات الاجتماعية من بينها "اللص والكلاب" و"الطريق" و"السمان والخريف."

٥- كانت هزيمة ٥ يونيو ١٩٦٧ صدمة، ترك بعدها الكتابة لمدة عامين، وبعد ذلك غرق في التشاؤمية، والرمزية. ثم رجع فقدّم روايات مهمة مثل "الحرافيش" و"رحلة ابن فطومة" وغيرها.

٦- وتجيء أهمية محفوظ من أنه كاتب يعبر عن مجتمعه جيدًا. فقد كتب عن آلام الشعب وأحلامه، وظهر في أعماله ملامح الأسرة المصرية والطبقة الوسطى، خصوصًا في القاهرة في النصف الأول من القرن العشرين.

٧- وعلى الرغم من أن العالم كرم نجيب محفوظ بمنحه جائزة نوبل عام ١٩٨٨، فإن بعض ذوي النفوس المريضة والعقول المتحجرة لم يعرفوا قدره، حتى إنه تعرض لمحاولة اغتيال على يد أحد المتطرفين بسبب رواية "أولاد حارتنا،" ولكنه نجا من المحاولة. وتوقف محفوظ عن الكتابة، بعدما طعنه في رقبته من وُصف بأنه إسلامي، عام ١٩٩٤. أما في السنوات الثلاث الأخيرة فقد كان يكتب قصصًا قصيرة أطلق عليها اسم "أحلام فترة النقاهة." وقد كتب ما يقارب السبعين من هذه "الأحلام" الصوفية والفلسفية.

نجيب محفوظ وفنه

١- لقد ظهر نجيب محفوظ بعد أن مهد رواد القصة الطريق أمامه من أمثال محمود طاهر لاشين ويحيى حقي ومحمود تيمور وطه حسين، بالإضافة إلى الكتاب العالميين، من أمثال تشيكوف وتولستوي وزولا.

٢- بدأ محفوظ مسيرة طويلة تكشف عن وعيه بتراثه العربي وبالتراث الإنساني عمومًا. اهتم محفوظ بإبراز ملامح هوية مصر، واستطاع تصوير الدوافع النفسية لشخصياته، كما رسم ملامحها الاجتماعية والثقافية بذكاء ودقة. ركز محفوظ على الإطار الزماني والمكاني لقاهرة النصف الأول من القرن العشرين، ولهذا نرى الشوارع والحارات التي عاش فيها في بداية القرن تظهر بكل تفاصيلها، فنرى الفتوات وصراعاتهم، ونرى الطبقات الاجتماعية الفقيرة والمتوسطة، كما نرى الشخصيات الاستثنائية التي تبدو متميزة وسط عامة الناس لتكون كاشفة لشخصياتهم.

٣- وتبدو أعمال نجيب محفوظ تعبيرًا أمينًا عن التحولات السياسية التي شهدتها مصر في القرن العشرين، فنرى ثورة ١٩١٩ ومظاهر تجمع أبناء الشعب بكل طبقاته حول زعيمهم سعد زغلول، ونرى مشهد الكساد الاقتصادي في ثلاثينيات القرن، ثم صراعات الأحزاب ومواقف الشعب من الحكومة والملك، والصراع ضد الإنجليز، وثورة يوليو ١٩٥٢م، وانكسار العرب في ٦٧ وما عانته مصر في ظل الحكومات الديكتاتورية. وقد استطاع محفوظ أن يرسم في ذاكرة الأدب شخصيات لا يمكن أن تزول.

٤- وقد قدّم محفوظ نفسه بوصفه نموذجاً للحيوية والحركة الحرة بين الاتجاهات المختلفة، حيث بدأ بالمرحلة التاريخية ثم الاجتماعية ثم الفلسفية، وعاد مرة أخرى بعد

هزيمة ٦٧ إلى الكتابة الواقعية، وأخيرًا ركز في كتاباته على السيرة الذاتية التي تقترن بالتأملات الفلسفية والفكرية.

٥- بدأ نجيب محفوظ مسيرته القصصية الفذة بمجموعة "همس الجنون" (١٩٣٨م) والتي تحدد أهم ملامح أسلوبه الذي ترسخ فيما بعد، حيث نرى فيها أسلوبًا قويًا متماسكًا، وتتابعًا للمشاهد يعتمد في الأساس على المنطق الفني أكثر من اعتماده على الترتيب الزمني.

٦- اهتم نجيب محفوظ بالثوابت الإنسانية والقيم المشتركة، لكنه أبرز كذلك الملامح الخاصة بهوية مصر. وقد صهر نجيب محفوظ الذات الفردية بالذات الجماعية، وحرص دائماً على تصوير الدوافع الباطنية العميقة وتطور السلوك وتنامي الأحداث، واحتلت البيئة المكانية والزمانية مركز الصدارة في قصصه بوجه عام.

٧- والملاحظ على أعمال نجيب محفوظ القصصية والروائية تفاعله مع المنجز العالمي؛ قديمه وحديثه، وعدم توقفه عند مدرسة بعينها، بل أخذ من كل المصادر وأفاد من مختلف المدارس والأساليب الأدبية.

٨- ونرى في لغة محفوظ نوعًا من الإحكام في صياغة العبارات التي تلتزم بالفصحى السليمة، لكنها تحاول التعبير عن روح الشعب وطريقتهم في التعبير العامي، ولهذا نراه يأخذ التعبيرات العامية ويصوغها في قالب فصيح، وهكذا تظل الحوارات معبرة بدقة عن روح الشخصيات وثقافتها ووعيها بدون استخدام العامية على نحو مباشر. كذلك يلاحظ في أسلوب محفوظ السخرية اللاذعة وروح الدعابة.

٩- إن أعمال نجيب محفوظ لا تعد نموذجًا لتطور تيارات الإبداع القصصي فحسب، بل نموذجًا لمظاهر التطور الاجتماعي والسياسي والفكري في مصر الحديثة، ويمكن القول إن أعماله كانت مرآة لحياة مصر على مدى أكثر من نصف قرن.

١٠- في الدروس الآتية سنتعرض بالدراسة لبعض أعماله المعبرة عن فنه القصصي، وهي قصص مأخوذة من مجموعتين هما "حكايات حارتنا"، و"أحلام فترة النقاهة".

١١- أما "حكايات حارتنا" فهي مجموعة من النصوص القصصية التي وضعها نجيب محفوظ مرقمة بدءًا من ١ إلى ٧٨. وهي كلها تدور في حارة، ونرى فيها الراوي (الذي يمكن أن يشير إلى نجيب محفوظ نفسه) يرصد شخصيات وأماكن وأحداثًا سياسية واجتماعية ترتبط بالحارة، على امتداد سنوات طويلة، تبدأ من طفولة الراوي حتى تجاوزه سن الشباب. بعض هذه الحكايات يظهر صداه في حكايات أخرى، فنرى شخصية تظهر مرة بعد أخرى، وقد تظهر الشخصية مرة واحدة في حكاية للتركيز على أهم حدث في حياتها ثم لا تظهر ثانية. بعض الباحثين ينظر إلى هذا العمل بوصفه رواية حداثية.

١٢- وأما "أحلام فترة النقاهة" فهو آخر عمل نشره نجيب محفوظ، وهو يشبه إلى حد ما كتابه السابق عليه "أصداء السيرة الذاتية،" حيث إنه كتاب مكون من نصوص قصيرة تجمع بين السيرة الذاتية والتأمل الفلسفي والحدث القصصي المركز. إنها نصوص تكشف عن أحلام البسطاء، وهي غالباً أحلام لا تتحقق. وضع نجيب محفوظ تلك الأحلام تحت أرقام وصلت إلى ١٤٦ حلماً. يبدو بعض هذه الأحلام في بنائه وأحداثه مماثلاً لأحلام الليل التي لا تخلو من الكوابيس والصور المرعبة. إنها أحلام تربط بذكاء بين الواقع والخيال، وتحتاج من القارئ إلى كثير من الصبر ومحاولات التأويل.

ثانيًا: القراءة الثانية

١. اقرأوا النص من بدايته، مرة أخرى، وحددوا معنى الكلمات التي تحتها خط كما وردت في النص ثم ناقش مع زملائك كيف خمنت هذا المعني:

رقم الفقرة	الكلمة	المعنى
١	تنجب البنات	تلد البنات - تضع البنات جانبًا - لا تتعامل مع البنات
١	تطيع زوجها	تستطيع وتقدر - تخضع وتمتثل لـ - تحب
٢	لكن الأدب جذبه	شده - أصابه بالجنون - كذبه
٢	فكتب القصص القصيرة ابتداءً من . . .	بادر - بداية بـ - ظهر
٣	قمة سوهبته	عالية - أوج وذروة - سقف
٣	تفرغ للعمل في كتابة السيناريوهات السينمائية	انتهى - انقطع لـ - فضاء
٤	بعد بعض الحلقات	السلاسل - الدوائر - الأجزاء
٤	التأمل	يرتجي الرجاء - يمعن التفكير - الملل
٥	كانت هزيمة ٥ يونيو ١٩٦٧	حرب - عكس انتصار - صراع
٥	صدمة	شيء يحدث فجأة ويكون له أثر سلبي وعنيف - خبطة - خوف
٥	غرق في التشاؤمية	الغضب - عكس التفاؤلية - الحزن
٦	ملامح الأسرة المصرية	خصائص - قسمات - من المَلح

٧	كرَّم	أحسن إلى – اعترف بفضله ومنحه تقديرًا – جود وكرم
٧	من ذوي النفوس المريضة	أصحاب/ الذين لهم – أهل وأصدقاء – شعب
٧	العقول المتحجرة	غير المتطورة – الصلبة – المصنوعة من الحجر
٧	قَدْر	حجم – قيمة – جاه
٧	اغتيال	موت – قتل – كبرياء
٧	طعنه في رقبته	يطيع – يضرب بقوة – يضرب في الجسد بشيء حاد
٧	أطلق على	ترك – طار – سمّى

٢. اقرأوا الجزء الثاني من النص تحت عنوان "نجيب محفوظ وفنه" مرة أخرى، وحددوا معنى الكلمات التي تحتها خط كما وردت في النص، ثم ناقش مع زملائك كيف خمنت معني الكلمات:

رقم الفقرة	الجملة أو العبارة	المعنى
١	مهّد رواد القصة	فراش/ سرير – مخرج – هيّأ وسهّل الطريق
٢	مسيرة طويلة	قصة حياة شخص ما – طريقة – طريق نمشي فيه
٢	بإبراز ملامح	إظهار – تفوق – إخراج
٢	هوية مصر	طبيعة الشكل – الشكل العام – طبيعة الشخصية
٢	الفتوات	الرجال الأقوياء – المراهقون – البنات
٢	صراعات	الخلافات الشديدة – نوع من الأمراض – التصريحات
٣	مشهد الكساد الاقتصادي	توقف البيع والشراء – النشاط – الاكتئاب
٣	انكسار العرب في ٦٧	فشل – هزيمة – تفكك
٣	ما عانته مصر في ظل الحكومات الديكتاتورية	قاست – شاهدت – عاشت

٤	للحيوية والحركة	ضرورة - عكس موت - النشاط والحركة
٤	تقترن بالتأملات الفلسفية والفكرية	تتزوج - ترتبط بـ - تستمر مئة سنة
٥	الفذة	ليس لها مثيل - التي تقوم بسرعة - الحديدية
٥	ترسّخ	تغيَّر - تجذر - تأسس
٥	متماسكًا	أخذه في يده - مرتبطًا بـ - مترابطًا
٥	تتابعًا للمشاهد	مجيء الواحد تلو الآخر - كثرة - تراجع
٦	أبرز	أخرج - أوضح - لاحظ
٦	صهر نجيب محفوظ الذات الفردية بالذات الجماعية	تكتل - متزوج من أهله/ نسيب - دمج
٦	الدوافع الباطنية العميقة	الداخلية - الجوهرية - التي نعرفها ونفهمها
٦	تنامي الأحداث	تسارع - تطور - تباطؤ
٨	الإحكام في صياغة العبارات	السلطة - التأكد - التدقيق والتمكن
٨	الإحكام في صياغة العبارات	فن - تشكيل - قول
٨	قالب فصيح	بليغ - عكس العامية - واضح
٨	السخرية اللاذعة	العمل بدون أجر - الاستغلال - الاستهزاء بـ/ التهكم
٨	روح الدعابة	اللعب - الفُكاهة والمرح - نفس المصدر
٩	مرآة	زوجة - سيدة - شيء يعكس الصور ويظهرها
١٠	النقاهة	النظافة - الفلسفة - فترة الاستشفاء بعد المرض
١١	يرصد	يعد - يلاحظ - فلوس
١١	صداه	أثره - سمعه - كلامه
١١	رواية حداثية	تنتمي إلى العصر الحديث - حدثت في الواقع - بها الكثير من الأحداث
١٢	أصداء	جمع صدى - رجوع - تغيّر لون المعدن

١٢	الكوابيس	الضغوط - الأحلام المزعجة - الأفكار الليلية
١٢	الصور المرعبة	الجميلة – المرغوبة - المخيفة
١٢	محاولات التأويل	الترجمة - التفسير - الشرح

ثالثًا: التوسع و بناء المفردات

١. هاتوا مفرد كل جمع مما يأتي: فتوات – كوابيس – أصداء - أحداث

٢. هاتوا عكس: قمة – عقول متحجرة – مرعبة

٣. هاتوا جمع: مرآة – هزيمة – مهد – فصيح

رابعًا: الكتابة (في البيت)

١. الرُّبى الرابط رقم (١):

اقرأوا مقال "شخصيات صنعت تاريخًا" بقلم الأستاذ سامي الفقي، ثم:

١. قارنوا بينه وبين النص الذي قرأتموه عن سيرة حياة محفوظ وخصائصه الفنية.
٢. اكتبوا موضوعًا يبين أوجه الشبه والاختلاف بين النصين.
٣. اذكروا المعلومات الإضافية أو المتشابهة في النصين.
٤. أوضحوا أي النصين تفضلون؟ ولماذا؟

٢. الرُّبى الرابط رقم (٢):

شاهدوا عروض الفيديو الثلاثة، في قناة كتاب "الربى" في موقع YouTube، واختاروا واحدًا منها، واكتبوا تعليقًا مطولاً يصلح للقراءة موازيًا للعرض.

٣. سؤال بحثي:

من أهم أعمال محفوظ القصصية مجموعة "همس الجنون" ورواية "أولاد حارتنا." ابحثوا في الإنترنت عن معلومات عن إحداهما، ثم أعدوا تقريرًا عما وجدتموه من معلومات، في حدود ١٥ سطرًا.

"الحكاية رقم ٢٦" من "حكايات حارتنا" لنجيب محفوظ

المفردات

- **وَرَد، يرِدُ، الورود (و ر د)**

= حَضرَ، ذُكر

to be mentioned; to appear

وردت كلمة 'المحبة' حوالي ٤٨ مرة في الكتاب المقدس وعبرت عن ٣ درجات مختلفة من الحب.

- **لَقَب، ج. ألقاب (ل ق ب)**

= اسم يوضع للشخص غير الاسم الأول للتعريف أو التشريف؛ اسم العائلة

title; honorific; surname

لم نكن نعرف لقب أستاذنا الجديد؛ لأنه أصر على أن نناديه باسمه الأول بدون أية ألقاب.

- **دَمِيمَة، ج. دميمات (د م م)**

= قبيحة؛ عكس: جميلة

ugly

بالرغم من كونها دميمة الشكل، فقد التف حولها الصغار، لطيبة قلبها و كرم أخلاقها ولم يخافوا من شكلها القبيح.

- **مُنَفِّر، ج. مُنَفِّرون (ن ف ر)**

= يُبْعد الإنسان عنه بسبب سوء الشكل أو الرائحة أو غير ذلك

repulsive; repellent

تنبعث من الثعلب رائحة منفرة إذا هوجم، بحيث يُبْعِد عنه أعداءه.

- **سُخْرِية (س خ ر)**

= الضحك من الناس والهزءُ بهم

scorn; ridicule; derision

اشتهر الكاتب البريطاني برنارد شو بسخريته الشديدة من المجتمع والمرأة.

- **لاَذِعَة، ج. لواذع (ل ذ ع)**

= حارقة أو مؤلمة، وهي صفة تستخدم غالبًا لوصف السخرية

pungent; biting; caustic

لا يجلس معه أصدقاؤه طويلاً لكثرة تعبيراته اللاذعة.

- **مَرَح (م ر ح)**

= شدة الفرح أو النشاط

joy; cheerfulness

اشتهر جحا في التراث القصصي بالمرح والحكمة.

- **عِفْرِيت، ج. عفاريت (ع ف ر ت)**

= قوي ذكيّ (خصوصًا في الشر)، قد تستخدم صفة بمعنى: شبح القتيل، شقيّ

devil; demon; naughty; mischierous

يؤمن الكثيرون من أبناء الأحياء الشعبية بالجن والعفاريت ويلجأون إلى المشايخ للخلاص منها أو محاربتها عن طريق السِّحر.

- **نَادِرَة، ج. نَوَادِر (ن د ر)**

= حكاية لطيفة

droll story; anecdote; tale

لجحا نوادر وطرائف كثيرة، فهو شخصية مَرِحة، تتخلص من المواقف الصعبة بطريقة مضحكة.

- **[قَفْشَة، ج. قَفَشات]**

= تعليق مضحك

joke

يحبه أصدقاؤه بسبب قفشاته المرحة ولمحاته اللطيفة.

- **تَصَوَّر، يَتَصوَّر، التصوُّر (ص و ر)**

= تخَيَّل

to imagine; to envisage

تصورت أن الدراسة تنتهي بانتهاء الامتحان و لكني عرفت أن التعلم ممتد مدى الحياة.

- **مُكَرَّمة (ك ر م)**

= توضَع في مكانة عالية

pampered; honored; dignified; venerated

عاشت الفتاة في بيت أبيها معززة مكرمة؛ لا ترفع طبقًا ولا تضع كوبًا على مائدة الطعام قبل أن تأكل.

- **مُدلَّلة، ج.مُدَلّلات (د ل ل)**

= هناك تساهل في معاملتها و تربيتها

spoilt; pampered

عاشت سندريلا الجميلة مدلّلة، حتى توفي والدها، وعاملتها زوجة أبيها أسوأ معاملة.

- **مُوْلَع بـ، ج. مُوْلَعون بـ (و ل ع)**

= يحبه حبًّا شديدًا

in love with; ardent about passionately fond of

ما زالت مئات الفتيات مولعات بعبد الحليم حافظ

وأغانيه على رغم من مرور أكثر من عشرين سنة على رحيله.

- **انْمَحَى، يَنْمَحي، الانْمحاء (م ح و)**

= زال وانتهى

to be effaced; be extinguished; to vanish

إذا انمَحت الكراهية بين الشعوب ساد السلام وانتشرت العدالة.

- **خُصُومة (خ ص م)**

= عدم اتفاق، خلاف ونزاع

quarrel; hostility; dispute

الخصومة بين الإخوة تفرق الأسرة و تفكك اتحادها.

- **غريزيَّة (غ ر ز)**

= فطرية، طبيعية

innate; instinctive

أكد عالم النفس المشهور سيجموند فرويد أن حب البقاء سلوك غريزيّ في الإنسان.

- **مَوَدَّة (و د د)**

= محبّة، عكس الكراهية

love; friendship; affection

تعمل الأديان السماوية على نشر الحب و المودة والرحمة بين الناس.

- **مُتَوَعِّكَة (و ع ك)**

= بها ألم؛ متوعكة المزاج: ليست في حالة نفسية جيدة، منزعجة

unwell; ill; in a bad mood

لم تقف وسط الحضور، ولم تقابل ضيوف والدها في الحفل، لأنها كانت متوعكة المزاج بعد يوم من العمل الطويل.

- **اعتِزَاز (ع ز ز)**

= إحساس بالقوة والعظمة والشرف

pride

وقف طلاب المدرسة العسكرية يؤدّون تحية العلم باعتزاز وفخر.

- **نَوَّه (بـ / إلى)، يُنوِّه (ن و هـ)**

= أشار إلى شيء أو شخص باهتمام وتقدير

to refer to; to mention

ختم وزير الداخلية كلمته في مجلس الشعب بعد أن نوه بخطورة التهاون والإرهاب على أمن الوطن وسلامته.

- **بِجِدِّية (ج د د)**

= باجتهاد ونشاط وعدم كسل

seriously; earnestly

يناقش برنامج "البيت بيتك" المشاكل الاجتماعية الراهنة بجدية واهتمام.

- **نَفَس، ج. أَنْفَاس (ن ف س)**

= الهواء الذي يدخل ويخرج من أنف الكائن الحي

breath

لفَظَ (أخرج) الرجل أنفاسه الأخيرة على كوبري السادس من أكتوبر بعد أن صدمته سيارة مُسرِعة.

- **تخَلَّى، يتخَلّى (عن) (خ ل و)**

= ترك

to give up; to forsake

لم أتخلَّ عن مبادئي الشرقية؛ على الرغم من أني عشت في الغرب معظم حياتي.

- **مِزَاح (م ز ح)**

= مداعبة، ضحك مع الآخرين بلطف

making jokes

الخلط بين المزاح والجِدّ أسلوب يستخدمه بعض الناس للهروب من المواجهات الصعبة.

- **خَفِيّ (خ ف ي)**

= غير ظاهر

hidden; secret; invisible

ظن الناس لوقت طويل أن العالم مسطح حتى جاء جاليليو جاليلي وأعلن أن الأرض كروية، وأثبت هذه الحقيقة الخفية علميًا.

- **زَعَمَ، يَزْعُم، الزَّعم (ز ع م)**

= ادّعى، قال شيئًا لم يثبُت بعدُ

to claim

وجدتها في مكتبي، اتهمتها بالسرقة، فأنكرت وزعمت أنها كانت موجودة في مكتبي لترتيب أوراقي، لا لسرقة المعلومات الخاصة بالشركة.

- **مضى (في)، يمضي، المُضيّ (م ض ي)**

= استمر في

to carry on doing (s.th.); "
to continue

مضيت في إعداد التجهيزات اللازمة للحفل، بالرغم من الإشاعات التي تكاثرت عن إمكانية إلغائه.

- **مُحاكَاة (ح ك ي)**

= تقليد، تشبه بالآخرين

imitation; mimicry

اشتهر الفنان الراحل محمود شكوكو بخفة روحه وبمحاكاة المشاهير من كبار الفنانين والفنانات وتقليدهم.

- **رَاسِخة (ر س خ)**

= ثابت بقوة

established firmly; deep rooted

الوعي الروحي والديني يعتبر من القيم الراسخة في نفس الإنسان المصري منذ آلاف السنين.

- **(لعبة) الورق (و ر ق)**

= الكوتشينة (بالعامية)

card game

من ألعاب الورق المعروفة البريدج والإستيميشن والسوليتير.

- **لَعَنَ، يَلْعَن، اللعْن (ل ع ن)**

= لعنه الله: أي أنزل عليه العذاب؛ لعن الشخص غيره: طلب له العذاب

to curse

أصيب الكثير من مكتشفي آثار ومقابر المصريين القدماء بأمراض قاتلة قيل إن سببها لعنة الفراعنة.

- **جهرًا (ج هـ ر)**

عكس: سرًا

publicly; in public

لم تخجل من كونها ساقطة، وفتاة ليل، بل أعلنت ذلك جهرًا عندما سألها الشرطي في قسم الشرطة عن مهنتها.

- اِخْتفى، يخْتَفي، الاخْتِفاء (خ ف ي)

عكس: ظهر

to disappear

اختفى السارق جاريًا من المارة عندما سمع صفارة الحارس.

- خَصْلَة، ج. خِصال (خ ص ل)

= صفة خُلقُية في الإنسان، قد تكون جيدة أو سيئة

characteristic; quality

كان الكرم أهم الخصال الحميدة لبدو الصحراء، وأشهر من عُرف به كان حاتم الطائي، ولهذا يقال "كرم حاتمي."

- أَطاق، يُطِيقُ، الإطاقة (ط و ق)

= تحمَّل

to bear (s.o. or s.th.)

لم يكن يُطيق الحياة في القاهرة بسبب الضوضاء والازدحام والتلوث فاشترى بيتًا صغيرًا يبعد عن القاهرة حوالي ٣٠ كم.

- نَبَحَ، يَنْبَح، النُباح (ن ب ح)

= رفع صوته

to bark

نبح الكلب عند سماعه صوت الذئب.

- أَغْمض (عينه)، يُغْمِضُ، الإغماض (غ م ض)

= أغلق (عينه)

to close (one's) eyes

لم أستطع النوم ولم أُغمض عيني لحظة طوال الليلة الماضية لأني سمعت أصواتًا غريبة في حديقة المنزل.

تعبيرات وتراكيب

في عز

أي: في حياة غنية مريحة

- نشأت البنت في عز أبيها لا يفسد سعادتها سوى أخيها الكبير القاسي.
- نشأ ابن الملك في العز، ولكن قيام الثورة جعله مثل أبناء الفقراء.

بِصَدَد

أي: في سياق؛ في الطريق إلى فعل شيء

- للأسف فإنهم قطعوا أشجارًا وهم بصدد بناء ذلك المصنع الكبير.
- بدأ يعمل ويكسب المزيد من المال؛ لأنه بصدد الزواج.

مقطوع من شجرة

أي: ليس له أقارب خصوصًا الأب والأم

- في فترة الحرب هاجر معظم أفراد عائلته، فشعر بأنه مقطوع من شجرة.
- بعض الرجال يفضلون الزواج من المرأة المقطوعة من شجرة حتى لا يزعجهم أقاربها وخصوصًا الأم.

خِفة روح

يوصف الشخص اللطيف المقبول من الآخرين المحب للضحك والابتسام بأنه خفيف الروح أو الظل أو الدم.

- أجمل ما يميز زوجي ذوقه وكلامه الجميل وخفة روحه.
- يحب الأجانب أن يتكلموا مع المصريين بسبب خفة روحهم.

متوعك المزاج

أي: متضايق وليس في حالة نفسية جيدة

- لم أحب أن أضايقه بكلامي فقد كنت متوعك المزاج، ولهذا لم أرد على التليفون حين اتصل بي.

ساعة الأجل

أي: وقت الوفاة

- إن جدي عجوز، ومريض أيضًا، وأظن أن ساعة أجله قد اقتربت.

[بالهنا والشفا!]

تعبير يقال لمن نتمنى له طيب الأكل أو الشراب.

- شكرني على الطعام الذي طبخته فقلت له: بالهنا والشفا.

عهدي بها وحيدة دائمـًا

عهد(ي) بـ + ضمير أو اسم + جملة اسمية

- رأيته اليوم لأول مرة حزينًا؛ وعهدي به مبتسم ضاحك.
- صدق الوزير في وعده هذه المرة؛ وعَهْدُنا به أنه لا يصدق.

تدريبات على مفردات "الحكاية ٢٦"[١٠]

١. اكتبوا المفرد أو الجمع لما يأتي من كلمات:

المفرد	الجمع
....	ألقاب
....	لواذع
عفريت	....
نادرة	....
....	أنفاس
....	الحارات
خَصلة	....
منفر	....
دميمة	....

٢. أكملوا الجمل الآتية بالفعل المناسب من بين الأقواس، مع تغيير ما يلزم:

(لعن - اختفى - ورَد - تَصوّر- انمحى - مضى - أغمض - أطاق - نبح - نوّه - تخلّى - زعم)

أ. طلبت الشركة مقابلة بعض المتقدمين الذين .... أسماؤهم ضمن الأسماء المعلنة.

ب. على شبابنا أن يتعلم من تجربة أحمد زويل في بناء نفسه، ولكن من الخطأ أن .... شبابنا أن النجاح في وطنه حلم مستحيل.

---

١٠ صححوا إجاباتكم من على الموقع الإلكتروني للكتاب.

ج. من العسير أن .... الحب الأول من ذاكرة القلب، أو يسقط من فوق جدرانه.

د. وقد .... المجلس مرارًا وتكرارًا بأن الإقليم يسير بنجاح صوب تحقيق الاستقلال.

ه. كان قد عُينّ مراقبًا عسكريًا من الأمم المتحدة في الهند وباكستان منذ ١١ تموز/ يولية ٢٠٠٠ ثم .... عن وظيفته في ١٠ تموز/ يولية ٢٠٠١.

و. هناك اتجاه .... أننا لسنا في حاجة للآخر، أوربيًا كان أو أمريكيًا.

ز. أنت .... في بناء حياتك حتى يجيء من يفسدها عليك.

ح. عندما فشلت يده في الوصول إلى المفتاح بسرعة، أخذ يسبّ ويشتم و .... المفتاح.

ط. .... لص من رجال المباحث في تابوت للموتى داخل أحد المساجد.

ي. لقد تغير الناس؛ أصبحوا أكثر حدة وعصبية، فلا أحد .... الآخر. ضاع الصبر بين الناس.

ك. السياسة عندنا لا علاقة لها بالديمقراطية، بل تقوم على مبدأ "دع الكلاب .... فالقافلة تسير."

ل. .... عينيها لحظات، لتستجمع قوتها قبل أن تتكلم.

٣. أوضحوا، باستخدام القاموس، المعاني الأخرى للكلمات الآتية:

ورَدَ – دلّل – أغمض

٤. صلوا الكلمة بعكسها:

الكلمة	العكس
أ. دميم	تأكد
ب. منفر	تراجع
ت. سخرية	جميل
ث. تصوَّر	تمسك
ج. مكرَّمة	جدية
ح. مودّة	جذّاب
خ. تخلى	ذليلة
د. مضى	سرًّا
ذ. جهرًا	فتح
ر. أغمض	كراهية

٥. ضعوا دائرة حول الكلمة الغريبة (من حيث المعنى أو المجال) في كل مجموعة:

أ. دميمة – لاذعة – متوعكة – مدللة

ب. نادرة – قفشة – خصومة – نكتة

ج. لعن – نوّه – نبح – جهر

د. ولع – اعتزاز – خصومة – مودة

ه. ورق – مرح – مزاح – أنس

٦. ضعوا كلمة أو عبارة أخرى بالمعنى نفسه، بدلاً مما تحته خط:

أ. وردت كل هذه المعلومات في كتاب "النسيان" للدكتور أحمد فؤاد الأهواني.

ب. الفكرة الخيالية، عن زوجات المسئولين السوفييت، جعلت الكثيرين يتصوروهن فلاحات دميمات بدينات، إلى أن ظهرت زوجة وزير الخارجية، فغيرت الفكرة عن المرأة السوفيتية.

ج. تبرأت الحكومة من تصريح الوزير الأول، ووجهت له انتقادات لاذعة في هذا الشأن.

د. أنا مخلوق مرح يحب الحياة، وتستهويه أسباب المرح والفرح.

ه. هل يمكن لعاقل اليوم، بعد كل الذي جرى ويجري، أن يتصور أية صيغة للتعايش بين الصرب والكوسوفيين، أو بين الكروات والصرب؟

و. هناك شخصيات في أرفع المناصب: أطباء ومستشارون وأساتذة جامعة، ويكونون مولعين بالخمر أو الحشيش أو النساء أو القمار.

ز. لا يمكن لبلد أن يتطور إلا إذا تجددت عقوله، وانمحى منه الشعور بعدم المساواة.

ح. إطار التشاور بين أحزاب وقوى المعارضة لا يعني انتهاء الخصومة بينهما.

ط. المقال يركز—فيما يبدو—على هذا النوع من التجارة العابرة للحدود، لكنه نوه بوجود قدر كبير من تلك التجارة داخل البلدان أيضًا.

ي. هذا لا يعني مطلقًا أن المجتمع الدولي قد تخلى عن ممارسة الرقابة.

٧. أكملوا النصف الثاني من الجمل الآتية:

أ. لم ترِد حتى الآن أنباء عن سقوط قتلى أو جرحى ....

ب. هناك من يعشقون الألقاب، ومنهم بعض القادة العرب الذين أطلقوا على أنفسهم لقب القائد المظفر و..

ج. لن أقبل أن أتزوج فتاة لا أعرفها، لا أعرف إن كانت جميلة أو دميمة، لا أعرف إن كانت مثقفة أو أُمّية، ....

د. هناك بعض الأمور المنفرة والطاردة للسياحة، القذارة، عدم مراعاة قواعد المرور وآدابه، ....

ه. على الرغم من أن بعض الأسكتلنديين يواجه هذه الجماعة بالسخرية والتندر، فـ ....

و. إن تطوير تكنولوجيا الإعلام والاتصال جلب معه مفارقة لاذعة؛ ....
....

ز. إنهم مشغولون بالتقدم ونحن مشغولون بالجن والعفاريت وعذاب القبر والارتداد إلى عصر الحريم و...

ح. مجنون من يتصور أن الأمريكيين سيخرجون من العراق قريبًا ....

ط. واللافت أن الأسماء المكرمة لهذا العام جميعها مصرية وهي: أم كلثوم، محمد عبد الوهاب ....

ي. تعجبت كثيرًا حين رأيت أشخاصًا في الحدائق العامة يصطحبون كلابهم المدللة بطريقة تلفت الانتباه في بلد ....

٨. أكملوا الجمل الآتية بإحدى الكلمات الجديدة:

أ. لم يتنبه إلى وجه زوجته الواجم العابس، وطلب منها أن .... عينيها استعدادًا لمفاجأة ستسرها.

ب. يستأنف الفريق معسكره المغلق غدًا السبت بدار المشاة لمواصلة استعداداته .... لمباراته مع منتخب مالي التي ستقام يوم ١٣ من يونيو المقبل.

ج. أي واحد منا يمكن أن يترحم على الماضي الذي مضى، أو أن .... ولكن هذا لا يعني أن الحاضر يمكن أن يلغي الماضي.

د. مصر تعتبر سوقًا مهمة في المنطقة في مجال الطباعة و............ وتكنولوجيا المعلومات.

ه. نحن نتطلع إلى أحزاب جديدة تخرج من رحم الأمة وتنبت على أرض .... وفكر حقيقي وتعبر عن مطالب وطن ونظرة متعمقة للمستقبل.

و. إن .... إسرائيل تعرضها لعدوان عربي في عام ١٩٤٨ ليس له سند، وهو مقولة لا أساس لها من الصحة.

ز. بدا الملك في حالة صحية ممتازة، وتبادل الزعيمان أطراف الحديث و............ حتى ساعة متأخرة من مساء الأربعاء.

٩. اكتبوا، مستخدمين معظم الكلمات الآتية، فقرة تصفون فيها العلاقة بين شخصين يجمعهما الكراهية أو الحب:

(عنف - سخرية - مرح - مكّرم - مدلل - مودة - تخلى عن - مزاح - راسخ - خصال - يؤنس - أغمض)

"الحكاية رقم ٢٦" من "حكايات حارتنا" لنجيب محفوظ

أولاً: تمهيد لقراءة النص

١. اقرأوا الجانب الثقافي الآتي، وقارنوه بما في ثقافتكم المحلية:

ينتشر بين المصريين البسطاء وبين غير المتعلمين، وخصوصًا في الريف، بعض الأفكار الشعبية؛ منها أن الجني قد يعجب بإنسانة فيكون قريبًا منها طوال الوقت، وتشعر بوجوده في بعض التصرفات والأفعال. كما يؤمن بعضهم بأن من الممكن معرفة المستقبل، ولهذا يذهبون إلى من يفسرّون الأحلام، أو يقرأون الورق والفنجان، أو يمارسون السحر ليؤثروا في غيرهم. كذلك يؤمن بعضهم بأن الشخص الذي يقتل يكون له عفريت يشبهه، يعيش في المقابر وقد يزور الأحياء الذين كان يعرفهم. ويؤمن بعض المصريين كذلك بأن الجن كائنات غير ظاهرة للناس، وأن منهم المؤمنين ومنهم الكافرين.

٢. الرُّبى الرابط رقم (١): اذهبوا إلى الروابط الخاصة بموضوع السحر والجن في موقع الرُّبى، أو ابحثوا عن "الجن والعفاريت والسحر" في موقع YouTube. استمعوا إلى ما يقوله المتحدثون عن علاقة الناس بالجن، واكتبوا ملخصًا للآراء التي وردت في اثنين من تلك التسجيلات، وذلك فيما لا يقل عن ١٠ أسطر.

٣. انظروا إلى الصورة، وتخيلوا أن هذه السيدة بطلة في قصة قصيرة من تأليفكم:

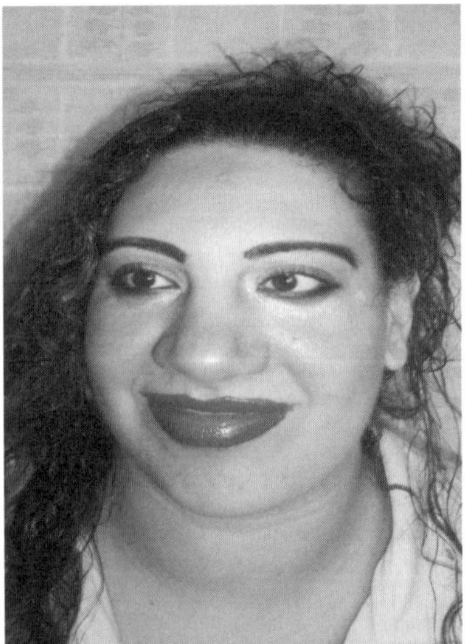

أ. ما صفاتها الشخصية؟ ما صفاتها الجسدية؟ ما زمان القصة ومكانها؟ عملها ؟ مع من تعيش؟ ما حالتها الاجتماعية؟ مَن أصدقاؤها؟ ما مشكلتها؟ وكيف تحل من وجهة نظرك؟

ب. شاركوا إجاباتكم مع زملائكم وفي مجموعات صغيرة. ابدأوا في كتابة هذه القصة القصيرة، بحيث لا تزيد عن صفحتين.

ثانيا: القراءة الأولى

اقرأوا "الحكاية رقم ٢٦" ثم قارنوا بين الست نجية وبطلة قصتكم، وأعدّوا عرضًا لهذه المقارنة بين الشخصيتين (على الباور بوينت)، مستعينين ببعض الرسوم التوضيحية التي قمتم بتحضيرها وفقا لفهمكم تلك القصة.

الحكاية رقم ٢٦[11]

ستّ نجيّة امرأة وحيدة.

عهدي بها وحيدة دائماً، في بيتها وحيدة، مقطوعة من شجرة، يَرِدُ اسمها بلا لقب، لا أب ولا أَمّ ولا أخ ولا أخت، ولكنّها معروفة بأنهّا امرأة غنيّة.

صورتها لا تُنسى، قصيرة جدًا، مطبوعة بطابع كساح يتجلىّ في تقوّس ساقيها وبروز ذقنها، ولها أنف كبير مثل أذن حمار، دميمة ولكنّها غير منفّرة، لخفّة روحها وسخريتها اللاذعة من نفسها ومن الناس.

تجيء معها في زيارتها لنا بالمرح والضحك، فلا نهاية لنوادرها وقفشاتها، وأتصوَّرها دائما أسعد الناس.

بيتها مزرعة قطط وكلاب، تولد وتنشأ في عزّها مكرّمة مدلَّلة، لكلّ اسمه وخدماته الغذائيّة والصحية والرياضيّة، هي مولعة بهنّ، وهنّ مولعات بها، وفي رحابها المترعة بالرحمة والسخاء تنمحي الخصومة الغريزيّة بين الكلاب والقطط فهنّ يعشن في إخاء ومودة.

تسألها أمي:

- لم نرَكِ من مدّة يا ست نجيّة؟

فتقول:

- كانت نرجس متوعّكة المزاج.

أو تقول:

- كانت بركة تَلِد.

ودائما تتحدّث عن عفريت من الجنّ يؤاخيها، وتحكي عن علاقتها الخاصّة باعتزاز وتنوّه بنوادره.

تقول بجدّيّة:

- أمس شعرت بأنفاسه تتردّد على وجهي قبيل الفجر.

---

١١ "حكايات حارتنا،" نجيب محفوظ، مكتبة مصر، (د.ت).

أو تقول:

- وجدت بلاص العسل فارغًا فقلت له بالهنا والشفا!

بالصدق والجدّيّة تتكلّم، لعلّها لا تتخلىّ عن المزاح إلا حين الحديث عن أخيها الخفيّ.

وتزعم أيضًا أنّ الكلاب والقطط تخاطبها بلغاتها الخاصّة وأنهّا تفهمها، ولكي تثبت صحّة كلامها تمضي في محاكاة اللهجات القطيّة والكلبيّة فنغرق في الضحك.

ولها خبرة راسخة في قراءة الفنجان والورق وتفسير الأحلام، وتُتّهم أحيانًا بممارسة السحر والشبشبة حتى إنّ أم عبده لعنتها جهرًا في الحارة عقب اختفاء ابنتها إحسان، ولكنّ طيبتها خصلة يشهد لها بها أكثر الناس.

لا يكاد يطرق بابها أحد. لكثرة الكلاب يتجنّب الناس زيارتها، حتّى الخدم لا يطيقون خدمتها، فهي وحيدة في بيتها ولكن تؤنس وحدتها الكلاب والقطط والعفريت المؤاخي.

تقول لها أمّي وهي بصدد الحديث عن وحدتها:

- على الإنسان أن يعمل حسابه لساعة الأجل.

فتجيبها جادّة وهي تبتسم:

- ستنبح الكلاب حول جثّتي وتموء القطط، ويحضر أخي ليغمض عينيّ، ثمّ يفعل الله ما يشاء.

ثالثًا: القراءة الثانية

١. ضعوا علامة (✓) أمام العبارة الصحيحة، وصححوا العبارات غير الصحيحة:

أ. ست نجية من عائلة مشهورة في القاهرة. ( )

ب. ست نجية دميمة وغنية. ( )

ج. الناس يحبون الست نجية. ( )

د. الست نجية تؤمن بالجن والعفاريت. ( )

ه. الست نجية تؤنس وحدتها بتربية القطط والكلاب. ( )

و. الست نجية دائمة الحديث عن طرائف الجني الذي يؤاخيها وأمراض القطط. ( )

ز. الست نجية تؤمن بمبدأ "كذب المنجمون حتى ولو صدقوا". ( )

ح. الناس يترددون على الست نجية بكثرة لزيارتها وقضاء الوقت معها. ( )

ط. الست نجية تسخر من وحدتها. ( )

٢. الصور الآتية بعضها ممثل في نصِ القصة. حددوا أي هذه الصور لم يرِد في النص، ثم اختاروا الصورة الممثَّلة في النص، واكتبوا ما جاء في القصة تحت كل صورة.

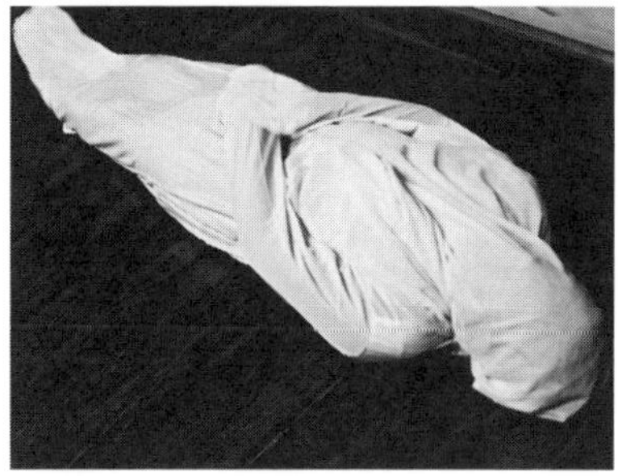
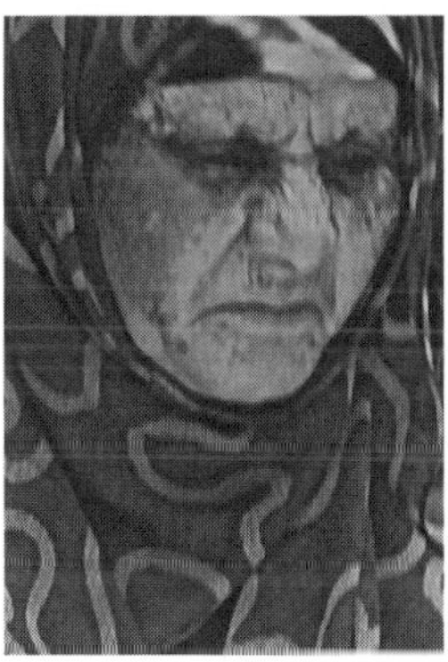
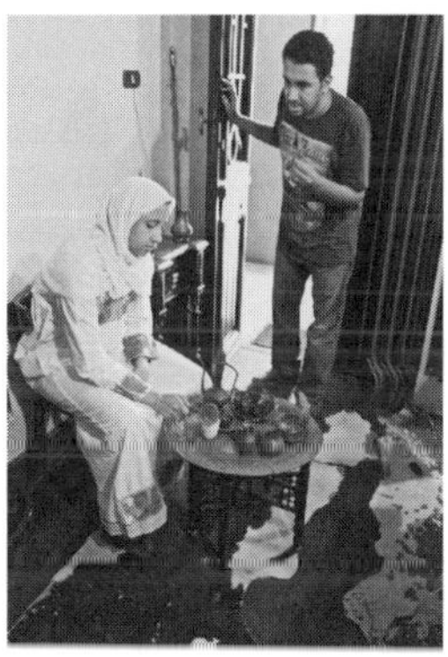

٣. أجيبوا عما يأتي إجابة تامة:

أ. لماذا لم تتزوج الست نجية؟

ب. بحسب فهمك للثقافة المصرية لماذا لعنت أم عبده نجية؟

ج. "تتصف بخفة الروح والسخرية." اشرحوا مع الاستشهاد من القصة.

د. اذكروا إحدى نوادر الست نجية.

ه. هل قابلت شخصية أو قرأت عن شخصية مثل شخصية الست نجية؟ أين ومتى؟ ما أوجه الشبه والاختلاف بينها وبين الشخصية التي قابلتك؟

٤. صلوا الشخصية بالصفات المناسبة:

ست نجية	التدين
	المرح والسخرية
	القبح والطيبة
القطط	الكلام بلغات خاصة
	الرغبة الشديدة في الطعام
	ممارسة السحر
أم الراوي	حب الأعداء

٥. اكتبوا أهم المعلومات الإضافية التي ذكرتها القصة عن كل من:

ست نجية – قطط ست نجية – العفريت (المؤاخي لنجية)

رابعًا: القراءة الثالثة

١. ضعوا علامة (✓) أو (×) مع التعليل (توضيح السبب):

أ. الجمل في الفقرات الثلاث الأولى جمل اسمية قصيرة. ( )

ب. الأفعال السائدة في القصة هي الأفعال الماضية. ( )

ج. الحوار في هذه القصة قليل الأهمية من الناحية الفنية. ( )

٢. ماذا تلاحظون في الاستخدام اللغوي فيما يأتي:

- هي مولعة بهن وهن مولعات بها.
- هن يعشن في إخاء ومودة.

٣. "رسم شخصية ست نجية يوضح أسلوب نجيب محفوظ في رسم الشخصيات." اشرحوا هذه الجملة.

٤. ضعوا عنوانًا للقصة.

خامسًا: نشاط كتابة

١. قرأت الست نجية الإعلانين الآتيين في إحدى الصحف العربية:

أ. جمعية الرفق بالحيوان تطلب موظفة استقبال لمأواها المؤقت بمحافظة الجيزة، بشرط أن تكون:

حنونًا تحب الحيوانات وتجيد التعامل معها

حاصلة على مؤهل متوسط

تتكلم لغة أجنبية

تستطيع الطباعة على الآلة الكاتبة أو الحاسوب

ب. أسرة سعودية تقيم بالقاهرة تبحث عن جليسة أطفال؛ حنون وتحب الأطفال، لا تخاف من الحيوانات الأليفة، ولها خبرة في الاهتمام بالحيوانات. مرتب مغرٍ. رجاء الاتصال بالجوال رقم: ٠١٣٠٦١٣٣٣٦٠

تريد الست نجية أن تكتب رسالة لجمعية الرفق بالحيوان وأخرى للأسرة السعودية، وأن ترفق بكل منهما نسخة من سيرتها الذاتية قبل إرسالها بالبريد. اكتبوا كلا الخطابين، في حدود ١٥ سطرًا، مع التركيز على ما يأتي:

- التعبير عن امتنانها للتقدم لطلب هذه الوظيفة ورغبتها في الحصول عليها.
- لماذا تعتبر نفسها أصلح شخص لهذا العمل؟
- الصفات الشخصية ومهاراتها المهنية التي تؤهلها للتقدم بطلب للالتحاق بهذا العمل.
- كيف يمكن أن تساعد صاحب العمل في تحقيق أهدافه بأفضل الطرق، مع إعطاء أمثلة.
- أملها في أن ينظر صاحب العمل بعين الاعتبار لطلبها.

٢. من فهمكم للقصة، املأوا السيرة الذاتية الآتية للست نجية:

الاسم:

السن:

العنوان: (الشارع، المدينة، الرقم البريدي، الهاتف، البريد الإلكتروني)

الحالة الاجتماعية:

الجنسية:

السمات الشخصية:

لماذا تقدمت لهذه الوظيفة: (حاولوا أن تشرحوا على لسان الست نجية مستنتجين من القصة.)

العمل السابق أو الخبرة العملية:

التعليم والمؤهلات:

الاهتمامات:

آخر مرتب حصلت عليه:

"الحكاية رقم ٢٩" من "حكايات حارتنا" لنجيب محفوظ

المفردات

- **بنّان (ب ن ن)**

= مَن يبيع البُنّ. والبُنّ هو حَبّ شجر، أهم مصادره البرازيل واليمن وإثيوبيا، يوضع على النار ثم يُطحن ليستخدم في عمل القهوة.

the coffee seller

قال لي البنّان: لتصنيع فنجان قهوة تركية، أضف ملعقة بُنّ وملعقة سكر إلى فنجان ماء دافئ واتركها على نار هادئة بعد التقليب.

- **طَوْر، ج. أَطْوَار (ط و ر)**

= مرحلة عُمرية

phase; stage

يمر النبات بمراحل كثيرة وترتبط أطوار نمو النبات بالماء والضوء دائماً.

- **(طور) المُرَاهَقَة (ر هـ ق)**

= الفترة ما بين الطفولة المتأخرة وسن الرشد

adolescence

من خصائص طور المراهقة أن يعارض الشاب آراء الآخرين بهدف أن يكون رأيًا شخصيًا في الأمور.

- **فائق، ج. فائقون (ف و ق)**

= جيد، ممتاز على غيره من الناس

superior; surpassing; exquisite; exceptional

سميرة شابة فائقة الجمال ويتقدم لخطبتها عشرات الشباب كل عام.

- **أَحْكَمَ، يُحْكِمُ، الإحْكَام (ح ك م)**

= فعل الشيء جيدًا

to do (s.th.) thoroughly; care-properly ;fully; meticulously

يجب أن تحكم إغلاق النافذة قبل النوم حتى لا يدخل إلى الغرفة هواء الليل البارد وتصاب بالإنفلونزا.

- **عِمامة (ع م م)**

= ما يلفّه الرجل من قماش على ر أسه

turban

عم محمود رجل من أسوان معروف بلبس العمامة؛ يحب بلده ويرفض أن يلبس ملابس المدينة.

- **سَقَطَ، يَسْقُطُ، السقوط (س ق ط)**

= وقع

to fall (generally); to fall into

لم تستطع مقاومة مطالب الحياة، فسقطت في الخطيئة لتحصل على المال السريع.

- **هَزّ، يهُزُّ، الهزّ (هـ ز ز)**

= حرَّك بشيء من القوة

to shake

لم يستطع الرجل الكلام لامتلاء فمِه بالطعام فأجاب بهز رأسه على كلامي.

- **نبرة، ج. نبرات (ن ب ر)**

= الطابع الخاص الذي يميز صوت الإنسان عمومًا، أو في بعض حالاته

tone of voice; inflection of the voice

لم أحب نبرة صوته العالية وهو يعترض على رأي أبيه فتكلمت معه بشدة.

- **اِعْتِراف، ج. اِعترافات (ع ر ف)**

= إقرار بالذنب أو الخطأ

confession

لم يوجه الضابط الاتهام إلى السارق إلا بعد سماع اعترافاته الكاملة والأخذ بأقوال الشهود.

- **ضَبَطَ، يضْبِط، الضبط (ض ب ط)**

= قبض عليه وأمسك به

to catch; to arrest

ضبطت شرطة السياحة بعض مهربي الآثار أثناء محاولتهم الهروب من مطار القاهرة.

- **قَبْو، ج. أقبية (ق ب و)**

= بناء تحت الأرض يكون غالبًا لحفظ الخضراوات والفواكه والمشروبات وغيرها

cellar

أخيرًا اعترف المجرم بأنه يخفي كل المسروقات في قبو تحت الأرض بمنزله.

- **خَفِير، ج. خُفَرَاء (خ ف ر)**

= حارس (خصوصًا في الريف)

watchman; guard

أحاط عمدة بلدتنا نفسه بالخفراء، خوفًا من اعتداء أهالي البلدة عليه بسبب ظلمه.

- **دَرَك، ج. أدْرَاك (د ر ك)**

= معناه اللغوي الإدراك أي اللَّحاق، ورجال الدّرك: رجال الشرطة؛ لأنهم يُدرِكون المجرم ويلحقون به.

the police

جاءنا خفير الدرك بأخبار جديدة عن الهاربين من العدالة.

- **سِيرَة، ج. سِيرَ (س ي ر)**

= تاريخ حياة شخص

biography

يُعْرَف الأنبياء بسيرهم الطيبة ورسالاتهم السماوية الداعية إلى السلام.

• **سُلوك (س ل ك)**

= تصرّف، طريقة التعامل مع الآخرين

conduct; behavior; manners

اختيرت الطالبة 'فتاة مثالية' لحُسْن السَّير والسلوك، ولثقافتها الواسعة.

• **تَأمَّل، يتأمَّل، التأمُّل (أ م ل)**

= أعاد النظر في الشيء مرة بعد أخرى

to look attentively; to contemplate; to meditate

زرت المتحف المصري فوقفت طويلاً أتأمل كيف صنع أجدادنا الحضارة الإنسانية.

• **اسْتَحَقّ، يستحق، الاستحقاق (ح ق ق)**

= أخذ الشيء عن حق

to deserve

قضية السلام العالمي قضية تستحق البحث وتكريس الجهود الدولية للتوصل إلى حل لها.

• **درى، يَدْرِي، دِراية (د ر ي)**

= عرف الشيء وعلم به

to know; to be aware of; to be cognizant of

لم أكن أدري أن أسرتي ستزورني هذا المساء لذلك فوجئت عندما دق أبي جرس الباب.

• **تَنَهَّدَ، يَتَنَهَّد، التنَهُّد (ن هـ د)**

= تنفَّس مُخْرِجًا من صدره الهواء

to sigh

تنهدت الأم وهي تنظر إلى ابنها على فراش المرض ودعت له بالشفاء.

• **انْضَمّ، يَنْضَمُّ، الانضمام (ض م م)**

= التحق بـ ، دخل مع غيره في مجموعة

to join

انضم كثير من الطلاب إلى الأحزاب المعارضة لسياسة الحكومة.

• **طابور، ج. طوابير**

= صف، جماعة، والكلمة من أصل تركي

line of people; queue

وقف عم علي البواب ساعات طويلة في طابور الخبز لكي يشتري الخبز لأولاده.

• **عَاشِق، ج. عُشّاق (ع ش ق)**

= أحب بشدّة

lovers

يعتبر كورنيش ماسبيرو أمام مبنى الإذاعة والتليفزيون ملتقى العشاق في القاهرة.

• **كَلاّ**

= لا

no

كلاّ، هذا ليس أخي ولا ابن عمي؛ هذا صديقي الودود.

- **صدَّق، يصَدِّق، التصديق (ص د ق)**

= اعترف بصدق قول شخص

to believe

لم أُصَدِّق كل ما نقلته الإذاعة عن خبر اغْتيال الرئيس لأن الأخبار لم تكن من مصادر موثوق منها.

- **تجَهَّم، يتجَهَّم، التّجهُّم (ج هـ م)**

= استقبله بوجه غير مبتسم

to frown; to regard with displeasure

تجهمت لرؤية الولد المصاب في حادث السيارة والناس تتجمع حوله.

- **عَذَاب (ع ذ ب)**

= ألم جسدي أو نفسي شديد

torture; torment

احتج المتظاهرون على ألوان العذاب الذي تعرض له المساجين في السجون أثناء حرب العراق.

- **نفَّذ، يُنَفِّذ، التنفيذ (ن ف ذ)**

= فعل الشيء بعد أن كان قولاً أو قرارًا

to implement; to execute; to put into action

تنفذ السلطة التنفيذية قرارات السلطة التشريعية للدولة المصرية.

تعبيرات وتراكيب

غرِق في (الضحك)

أي: وصل إلى درجة بعيدة (في الضحك أو غيره)

غرق في + مصدر أو اسم

- بعد تسلم صديقي عمله الجديد أصبح غارقًا في المشاكل حتى أذنيه.
- حين سمعتُ ذلك الخبر المحزن غرقت في صمت عميق.

لا رَجعةَ (فيه)

أي: نهائي، قرار/ رأي/ موقف/ . . . لا رجعة فيه

- ما واجهته من مشاكل مع المدير جعلني أتخذ قرارًا لا رجعة فيه: سأستقيل.
- يبدو أن موقف الولايات المتحدة من العقوبات على إيران موقف لا رجعة فيه ولن تحله المحاولات الدبلوماسية.

ما خفي كان أعظم

تعبير تقوله لمن تريد أن تجعله يشعر بأن الأمر ليس كما يظن، بل هو أسوأ.

- يُظهر الإعلام كثيرًا مما في الحكومة من فساد، وما خفي كان أعظم.
- كشف المحققون الكثير من جرائم ذلك المجرم، وما خفي كان أعظم.

مضى قائلاً

أي: استمر في كلامه

- اعترف لها بحبه، ثم مضى قائلاً: هل تقبليني زوجًا؟
- بعد أن شرحت وجهة نظرها، مضت تقول: ولك الحق في أن تقبل رأيي أو ترفضه.

دُفْعَة واحِدة

أي: مَرّة واحدة، أو فجأة

- كانت السماء صافية، وإذا بالمطر يهطل دفعة واحدة.

ما أكثر ما يقال!

تعبير للتعجب

ما + أفعل + ما + فعل مضارع

- ما أكثر ما يُدهِش في أعمال هذا المخرج العظيم!

- ما أجمل ما نسمع في هذه المحاضرة الممتازة!

تدريبات على مفردات "الحكاية رقم ٢٩"[١٢]

١. اكتبوا المفرد أو الجمع فيما يأتي:

المفرد	الجمع
....	أطوار
فائق	....
نبرة	....
اعتراف	....
....	خفراء
عاشق	....
....	طوابير

٢. ابحثوا في القاموس عن مرادفات لما تحته خط:

أ. تذكرت فضله وأيامه. تذكرت أيضًا أطواره الأخرى مثل إعراضه وجفائه ولا مبالاته وتصرفاته غير المفهومة.

ب. سقطت دمعة الولي الطاهر فوق الرمل، تحت شجرة الزيتون، ففاضت ماء.

ج. أنا لا أريد منك أي اعتراف. يعنيني فقط أن تكوني صريحة مع نفسك .

د. ضُبطت كميات كبيرة من الأقمشة المهربة ومستحضرات التجميل غير المسجلة .

ه. السلوك هو انعكاس صادق لحال التعليم والإعلام وأثرهما، وللفهم الواعي للأديان.

و. لا أحد يدري أين سيقام معرض الكتاب في العام المقبل.

---

١٢ صححوا إجاباتكم من على الموقع الإلكتروني للكتاب.

ز. انضمت الكنيسة الأرثودكسية الصربية أمس إلى المعارضة اليوجوسلافية.

ح. مثلما رسمته مخيلتي وأنا على مقاعد الدراسة: عاشق أبدي. عاشق بكل ما في هذه الكلمة من معنى. إنه عاشق للكلمة؛ عاشق للحرية.

٣. صلوا الكلمة بعكسها:

الكلمة	العكس
أ. هزّ	أنكر
ب. اعترف	جَهِل
ت. درى	أَجَل
ث. انضم إلى	انسحب من
ج. صدّق	تبسَّم
ح. كلا	رسّخ/ ثبَّت
خ. تجهّم	كذّب

٤. أكملوا الجمل الآتية بالكلمة المناسبة مما بين الأقواس:

(سيرة – بُنّ – أطوار – نبرة – عذاب – طوابير)

أ. صادرت الحكومة الـ............ من الأسواق، معلنة أن تجارته ستكون تابعة للحكومة نفسها.

ب. هذه المرأة غريبة الـ............، لا تملك أجوبة عن أسئلة بديهية تثار حولها.

ج. لاحظت في صوتها .... حزن لم أعهدها منها.

د. فصول الكتاب الأخيرة يخصصها المؤلف لثلاثة من كتّاب الـ............ الذاتية في القرن العشرين؛ هم طه حسين وسلامة موسى ومحمد حسين هيكل.

ه. في سوريا، كما في سواها من بلدان العالم، أخذت .... البطالة تزداد اتساعًا وتفاقماً.

و. إن أكبر .... سيواجهه ذلك الكاتب، يوم البعث العظيم، هو جعله يقرأ ما كتبه.

٥. أكملوا الجمل الآتية بفعل مناسب من الأفعال الجديدة:

أ. .... قوات الأمن الإيرانية قبضتها على العاصمة طهران أمس .

ب. لم تكن في حاجة إلى أكثر من لقاء آخر و................. إلى الأبد. كيف سمحت لنفسها بالانزلاق إلى هذه العلاقة.

ج. .... الممرضة رأسها بالإيجاب: حاضر يا دكتور . . . أمرك يا دكتور .

د. .... سلطات الشرطة الإسرائيلية وثائق وأشرطة لها علاقة بفضيحة 'إيران جيت.'

ه. .... الطبيبة بأسى التعبير الذي تعكسه وجوه المرضى أثناء حركة الكاميرا البطيئة عليهم.

و. .... المنتخب الوطني الأول لكرة القدم الفوز الذي حققه مساء أمس.

ز. هناك الكثير من المفسدين الذين يتلاعبون بمصير الناس، ويظنون أن لا أحد .... بتلاعبهم، وبما يعملونه من تضليل وفساد سرًا.

ح. .... من أعماقها، وتذكرت كيف أن زوجها كان من قبل كالعازف؛ إذا لمس وترًا، اهتز العود.

٦. اكتبوا معنى ما تحته خط في الجمل الآتية:

أ. إن تحويل مصر إلى مجتمع معلوماتي يحتاج إلى جهود أخرى فائقة تتعلق بنظام التعليم ووسائل الإعلام.

ب. والحق أن خبر إعدام صدام حسين هزني وطار بي على جناح التأمل إلى العهد القديم.

ج. كان اعتذاره خاليًا من أي نبرة ندم؛ فقد نطق باعتذاره وكأنه يؤدي دوراً في تمثيلية.

د. قدم له الكاتب خطابًا جديدًا، يطلب فيه منه تقديم خفيرين نظاميين لحراسة المحكمة.

ه. كان دائماً ينزع عباءته ليظهر شعره الذي كان يفوق شعرها طولاً.

و. إن سلوك موظف بسيط قد يعطي صورة طيبة عن عمل مؤسسة كاملة.

ز. أحمل في داخلي طاقة هائلة من الكلام، وأريد أن أطرحها دفعة واحدة.

ح. عشاق الشمس يحبون الشواطئ الذهبية لتلك المدينة الرائعة.

ط. ومن الناس من يتصف بتجهم الوجه وبرود المشاعر تجاه أهله وتجاه سائر الناس.

ي. تنفذ محافظة البحر الأحمر حاليًا خطة لتخصيص ١٢ مشروعاً سياحيًا جديدًا.

٧. أكملوا النصف الثاني من الجمل الآتية:

أ. كانت تتحرك وفقاً لفكرتها عن الرقص الشرقي. أخذت تهز ذراعيها وصدرها بعصبية وكأنها ....

ب. يجلجل صوته في الحجرة بنبرة درامية، وكأنه قبطان سفينة ....
....

ج. يستحق هذا الكتاب أن يناقش بجدية من جانب ....
....

د. انضم المتطوعون إلى الحملة، وهم من جمعيات بيئية و..............
....

ه. إن بعضًا من شباب اليوم لا يقرأون، وإذا قرأوا ....
....

و. بالرغم من توحدنا معا، فإني أعدك بالانسحاب من حياتك، حتى لا أزيدك عذابًا ولا ....

٨. اكتبوا خبرا في الجريدة عن إحدى الحوادث (قتل/ سرقة/ ... إلخ) باستخدام معظم الكلمات الآتية:

سقط – اعتراف – ضبط – خفير – سلوك – استحق – درى – تنهد – تجهّم - نفّذ

"الحكاية رقم ٢٩" من "حكايات حارتنا" لنجيب محفوظ

أولاً: تمهيد لقراءة النص

١. مناقشة حول الحارة المصرية وشخصياتها:

أ. هل زرت القاهرة؟

ب. هل زرت بعض حارات القاهرة الفاطمية ؟

ج. ما شكل الحارة المصرية؟

د. ما الشخصيات التي تقابلونها في مثل هذه الحارات؟

٢. الرُّبى الرابط رقم (١): شاهدوا بعض المشاهد المختلفة لمنظر الحارة المصرية في: فيلم "اللص والكلاب" وفيلم "بين القصرين" (وكلا الفيلمين مأخوذان عن روايتين لنجيب محفوظ)، وأحد الأفلام الوثائقية ("سحر ما فات،" من إخراج د. مدكور ثابت)، وفيلم "حين ميسرة" للمخرج خالد يوسف.

أ. ما الفرق بين الحارة في الأفلام المأخوذة عن أعمال نجيب محفوظ والحارة في الأعمال الأخرى؟ هل يمكننا أن نطلق على شوارع العشوائيات اسم حارات؟ لماذا؟

ب. ما الشخصيات التي شاهدتها في المشاهد السابقة؟

٣. بعد مشاهدتكم المشاهد المأخوذة عن روايات نجيب محفوظ، اقرأوا فيما يأتي ما قاله بعض قراء قصص نجيب محفوظ عن وصفه الحارة المصرية وشخصياتها. هل وُفِّق هؤلاء فيما زعموا عن وصف نجيب محفوظ؟ فيم اختلف الكاتبان؟ وفيم اتفقا؟

أ. "وروايات نجيب محفوظ ستكون بعد مئات السنين بمثابة خرائط مصورة لعلماء الآثار عندما يريدون التنقيب عن الحارة المصرية القديمة التي بدأت تضمحل وتغيب شخوصاتها، وتذوب ملامحها بفعل التمدن السريع، ولقد

تشكلت ملامح 'الحارة' في ذهنية الروائي السارد منذ أن ولد في الجمالية، أحد أحياء منطقة الحسين بالعاصمة القاهرة، في ١١ كانون الأول ١٩١١م، وأمضى طفولته في ذلك الحي الشعبي الذي استلهم منه الروائي المبدع تفاصيل الحارة ونجح في تصويرها حتى ليكاد القارئ (المتلقي) لسرديات نجيب محفوظ يحس كأنه بالفعل يعيش في الحارة المصرية يعرف أزقتها وحوانيتها ودكاكينها وشخصياتها وتفاصيل حياتها اليومية. يميل نجيب محفوظ في رواياته إلى الكتابة عن الطبقة المتوسطة والأحياء الفقيرة وتكلم عن تلك الشريحة المنسية وعن همومها وآلامها وتوجسها وقلقها من المستقبل المخيف وعراكها اليومي من أجل لقمة العيش."

ب. "في واحد من أروع أعماله يصحبنا نجيب محفوظ في رحلة عبر الذاكرة إلى الحارة القديمة التي نشأ فيها؛ فنمضي معه ومع صبيان الحارة إلى الساحة والكتاب والتكية وأخيرًا إلى 'حوش القرافة' ففي روايته لم يخرج محفوظ عن واحد من هذه الأماكن الأربعة التي كانت بمثابة رمز لرحلة الإنسان في الحياة.

تتألف حكايات حارتنا من ٧٨ حكاية قصيرة صور فيها الكاتب حياة المصريين في تلك الفترة، وجسد من خلالها صراع القيم والأفكار والمبادئ، والانتماءات السياسية والدينية، والفروق الاجتماعية. دراويش التكية، الملعون من يكدر صفوهم، أم زكي الدلالة، عم حسن الحلاق، القيرواني تاجر الدقيق وبناته الثلاث، حرم المأمور السمراء وقطتها توحيدة، الموظفة بنت أم علي، علوة صبي الفران أول شهيد في الحارة، عاشور الدنف عامل السرجة، سعد الجبلي كاتب حسابات الدكان، جعلص الدنانيري فتوة الحارة، وآخرون كثير ما دارت حولهم طفولة الكاتب وصباه. وفي حكاياته رصد حياتهم وآمالهم ونقاط التحول التي مروا بها، أيام قوتهم وأيام ضعفهم، والزمان في عبثه بهم وسخريته ثم لحظاتهم الأخيرة في الدنيا، ونهاية معظم الحكايات بموت صاحبها أو اختفاءه من الحارة.

يمكننا تصنيف الناس في حارة محفوظ في فريقين؛ الفتوة الجبار ذو البطش والقوة الذي ركن إلى الدنيا وأخذ يغرف من ملذاتها غرفًا، والدرويش الضعيف الذي لاحول له ولاقوة والذي يجد في التدين مهربًا من بطش الفتوات. ويجمع بين الفريقين الجهل والفقر ونظرة محفوظ التشاؤمية وفلسفته حول سر الحياة والموت وماهيتهما؛ فكل هؤلاء من وجهة نظره كركاب في سفينة بلا مرشد في بحر بلا شطآن في زمان بلا بداية ولانهاية.

وبصفة عامة تجذبك "حكايات حارتنا" ببساطة أسلوبها. فعلى الرغم من غناها بالشخصيات والأحداث، وعلى الرغم من كونها تحمل فكرًا فلسفيًا عاليًا، إلا أن محفوظ بصدقه الفني وبراعته في الوصف والتصوير ينفذ بك إلى جوهر الشخصيات، ويكشف لك كل جوانبها عبر تصوير صراعها مع نفسها ومع العالم المحيط. فإذا كان—كما قيل—أجمل الشعر أكذبه، فإن أجمل الأدب أكثره صدقًا وواقعية. فالأدب الجميل هو ما تحسه وتصدقه قلوبنا قبل أن تصدقه عقولنا، لأنه ببساطة . . . حقيقي. وهذا هو تمامًا ما دارت حوله حكايات محفوظ . . . الحياة الحقيقية."

٤. طبعت حكايات حارتنا أكثر من طبعة بأغلفة مختلفة. من قراءتكم السابقة عن موضوع الكتاب والقصص التي يحتويها، وكيفية تصوير الحارة والتسجيل الدقيق لأحداث الحياة الجارية فيها، إذا أردتم اختيار أحد الغلافين الآتيين[١٣] لمثل هذا العمل التصويري العظيم، فأي الغلافين تختارون؟ ولماذا؟

١٣ نشكر دار الشروق على تفضلها بقبول نشر غلاف الفنان حلمي التوني.

٥. اقرأوا عن ثقافة المهن ما يأتي، وحددوا ما أصبح تاريخيًا ليس له وجود الآن:

محل الطرشي: هذا مكان تُباع فيه الخضروات المُخلّلة مثل الجزر والخيار واللفت والفلفل والليمون والقنبيط وما شابه. ويعتبر الطرشي من المقبلات المهمة في كل الوجبات المصرية وخاصة الوجبات الشعبية كالفول والطعمية.

خفير الدَّرَك: رجل شرطة يعمل في الريف والأحياء الشعبية لحراسة البيوت والأمن العام.

الفرّان: الشخص الذي يخبز الخبز في الأفران العامة (البلدية والإفرنجية).

الصبي: لفظ 'الصبي' يطلق على الطفل أو الفتى الذي تُلحقه أسرته بحرفة في محل أو ورشة، لتعلم المهنة من مُعَلّم كبير.

السقاء: شخص كان يحمل الماء العذب من مصادر المياه المتوافرة، وينقلها إلى المنازل والمحلات.

٦. املأوا الفراغ بالكلمة المناسبة:

في بدايات القرن العشرين كان هناك وظائف؛ بعضها استمر، وبعضها انتهى. من الوظائف التي كانت شديدة الأهمية في بدايات القرن العشرين .... الذي يحمل الماء ليوزعه على البيوت، و.......... الذي يخبز الخبز في الفرن، و........... الدرك، وهو الشرطي الذي يتجول في الشوارع لإدراك اللصوص ومتابعتم والإمساك بهم.

ومن المعروف أن كثيرًا من المهن يعلمها المعلمون الكبار للصبيان من الأطفال الصغار الذين يكبرون ويصبحون ماهرين في كل المهن، فنجد .... الذي يعمل في ورشة تصليح السيارات أو محل الطرشي أو صبي الحلاقة . . . إلخ.

٧. ابحثوا عن هذه المهن في المجتمع من حولكم، واكتبوا ما عرفتم من معلومات لمناقشتها:

بائع العرقسوس – اللبّان – النحّاس – الحَدّاد – الترزي – السَنّان – الإسكافي – الحاتي – السمكري

ثانياً: القراءة الأولى

١. اقرأوا القصة ثم أجيبوا عن الآتي:

"الحكاية رقم ٢٩" تحكي عن:

- قصة حب أنيسة والبنان
- عادات بعض أبناء الحارة مثل النميمة
- انتصار العاطفة على العقل والعادات
- حكاية أنيسة

٢. اقرأوا القصة، وضعوا علامة (✓) أمام شخصيات الحارة المصرية التي ذكرت فيها.

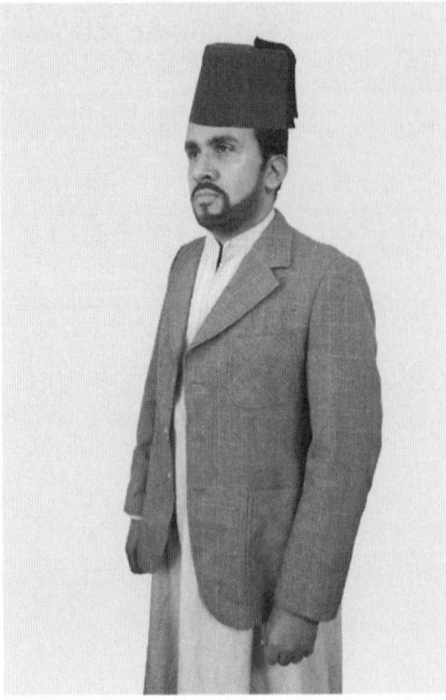

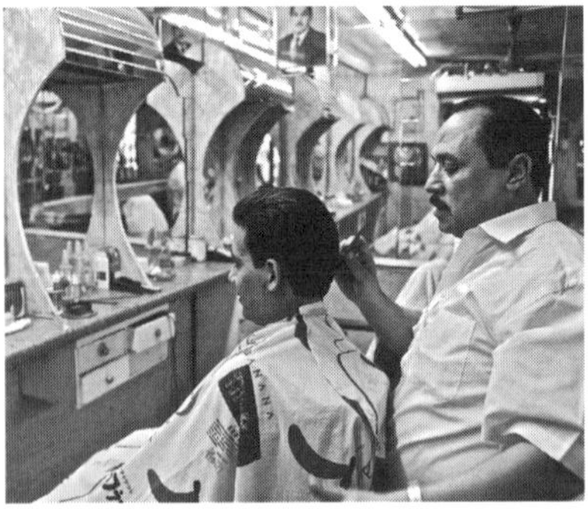

الحكاية رقم ٢٩[١٤]

عليّ البنان صاحب محلّ البنّ في حارتنا صديق.

يموت أبوه فيحلّ مكانه وهو في طور المراهقة.

وذات يوم يسألني وأنا أجالسه في المحل:

- هل تعرف أنيسة بنت أمينة الفرّانة؟

فأجيبه ورائحة البنّ الصارمة تسيطر على حواسيّ:

- أعرفها طبعًا، حارتنا كلّها تعرفها.

- ما رأيك فيها؟

- بنت فائقة الجمال، وهي تشارك أمّها في العمل.

- ماذا تعرف عن أخلاقها؟

فأضحك قائلاً:

- ما أكثر ما يقال!

- ولكنّني متأكّد من الكثير . . .

ويحكم العمامة فوق رأسه، ويقول:

- أعرف أنهّا سقطت أوّل ما سقطت مع حمدان صبيّ الفرّان.

أهزّ رأسي موافقًا، فيمضي هو قائلاً بنبرة اعترافيّة ثقيلة:

- ضُبطت أيضًا مع الحنفي صبيِّ محل الطُّرشي تحت القبو.

- إنك تتكلّم بلهجة حزينة أكثر من الضروريّ.

- وقيل كلام أيضًا عن علاقتها بخفير الدرك!

١٤ "حكايات حارتنا،" نجيب محفوظ، مكتبة مصر، (د.ت)، دار مصر للطباعة.

فأسأله ضاحكًا:

- هل تنوي كتابة سيرة لها؟

- وأيضًا مع حسنين السقّاء!

فأُغرق في الضحك، وأقول:

- إنّه لسلوك يستحقّ التأمُّل.

- ولعلَّ ما خفي كان أعظم!

- مَن يدري فلعلَّها ليست الوحيدة في حارتنا!

فيتنهَّد قائلاً:

- ولكنّها الوحيدة التي أُحبّها!

فأخرج دفعة واحدة من جو المرح، وأسأله:

- أتريد أن تنضمّ إلى طابور العشاق؟

فينظر إليّ طويلا ثم يقول:

- كلا، لقد قرّرت أن أتزوّجها!

- لا أصدّق . . .

فيقول بجدّ وتجهّم:

- إنّه قرار اتُّخذ بعد عذاب طويل ولا رجعة فيه، ولا يهُمُّني ما يقال!

وينفّذ عليّ البنّان قراره.

ثالثا: القراءة الثانية

١. ضعوا علامة (✓) أمام العبارة الصحيحة، بحسب فهمكم للنص، وصححوا العبارات غير الصحيحة:

أ. أنيسة يتيمة ليس لها أب أو أم. ( )

ب. أبو علي كان بنانًا. ( )

ج. أبو أنيسة فران. ( )

د. أنيسة بنت عصرية: جميلة، نشيطة ومكافحة. ( )

ه. أنيسة مشهورة في الحارة. ( )

و. القصص التي يتداولها الناس عن علاقات أنيسة الغرامية باطلة. ( )

ز. البنان يسأل عن أنيسة لأنه ينوي كتابة سيرة لها. ( )

٢. املأوا الجدول الآتي:

الاسم	العمل	جملة عن الشخصية
عليّ		
أنيسة		
	الراوي	
حمدان		
الحنفي		
	خفير الدَّرك	
حسنين		

٣. أجيبوا عن الأسئلة الآتية:

أ. إذا أردتم اختيار عنوان لهذه الحكاية، فما هو؟ ولماذا؟ ادعموا الإجابة بما فهمتم من القصة؟

ب. قرر البّنان أن يتزوج من فتاة سيرتها على كل لسان. ما الحالة الشعورية التي تهيمن عليه في هذه القصة؟ وما الكلمات التي استخدمها الكاتب في التعبير عن هذه الحالة؟

ج. طلب منكم تصميم صورة لغلاف كتاب "حكايات حارتنا" من وحي "الحكاية رقم ٢٩،" فهل ستستخدمون صورة أنيسة، أم البنان، أم الحارة؟ ارسموا هذه الصورة واشرحوا أسباب اختيار ذلك التصميم.

د. نفذ علي البنان قراره وتزوج أنيسة رغم كل ما يقال عنها ورغم سمعتها السيئة. أكملوا أحداث القصة واحكوها على لسان البنان لأحد أصدقائه المقربين.

ه. ما الصراع النفسي الذي مر به علي البنان ليتغاضى عن ماضي أنيسة ويتزوجها؟ لتتعرفوا هذا الصراع اقرأوا ما جاء في بعض المنتديات حول سمعة البنت وعلاقة البنت والشاب قبل الزواج، وناقشوا الموضوع مع زملائكم.

و. (في البيت) طلب منكم إخراج هذه القصة كفيلم تليفزيوني. ارسموا/ صفوا المشهد الذي تجري فيه أحداث القصة للمخرج ومصمم الديكور.

٤. **الرُّبى** الرابط رقم (٢): يمكنكم البحث في أي محرك بحث (مثل جوجل) عن: "خروج الفتاة مع خطيبها قبل الزواج،" أو الاطلاع على الموضوع من خلال الرابط في موقع الرُّبى.

رابعاً: القراءة الثالثة

١. ما ملامح الشخصيتين الرئيسيتين في القصة (علي وأنيسة)؟

٢. كيف تختلف لغة حوار الراوي وعلي البنّان؟

٣. نجح نجيب محفوظ في رسم الشخصية من خلال الحوار والجمل التي تمهد له.

٤. اكتبوا عنوانًا للقصة، مع تقديم سبب هذا الاختيار.

خامساً: نشاط كتابة

أنيسة تتوقع أن يطلب عليّ البنّان يدها، ولكنها خائفة بسبب كلام الناس عنها. اكتبوا حوارًا دار بينها وبين صديقة لها تشجعها وتصف جمالها وأخلاقها، وتهاجم المجتمع ومواقفه. استخدموا في الحوار جملاً تمهيدية.

"الحلم رقم ٦" من "أحلام فترة النقاهة" لنجيب محفوظ

المفردات

- **إجلال (ج ل ل)**

= احترام وتعظيم

great respect; awe; veneration

عند مرور موكب الملك وقف الحضور إجلالاً وتعظيماً له.

- **مَسّ، يَمَسُّ، المَسّ (م س س)**

مسّه الجنون: أصبح مجنونًا؛ مسّه الجن: سكن جسمَه

to touch; to be possessed by an evil spirit; to go mad

قالت أمه إنه لم ينتحر احتجاجًا على الوضع السياسي والاقتصادي، بل لأنه كان به مسّ من الجن.

- **دهشة (د هـ ش)**

= شعور بالمفاجأة و بأن ما أمامنا غريب وغير عادي

astonishment

عندما شاهدت الرجل يجري بملابسه الداخلية بين السيارات فتحت فاهي ولم أستطع التحرك من الدهشة.

- **شيّع (الجنازة)، يُشيّع، التشييع (ش ي ع)**

= سار في جنازة ليودع الميت.

to bid farewell; to pay the " deceased the last honors; to walk in a funeral procession

سار أصدقاء المُتوفَّى يَبْكون بحرارة وهم يشيعون جنازة صديقهم الفقيد.

- **تَتَابَعَ، يتتابعَ، التتابُع (ت ب ع)**

= جاء متواليًا بعضه وراء بعض

to happen successively or consecutively

تتابعت الأخبار السارة على الأسرة الفقيرة، فقد حصل ابنهم على بكالوريوس الطب وفي يوم التخرّج عُينّ في المستشفى الجامعي التخصصي وأعلن خطبته لابنة خاله.

- **وَسَامَة (و س م)**

= جمال الوجه

attractiveness; charm; beauty

على الرغم من أنه كان وسيما، فإن الفتاة لم تقبل الزواج منه، وقالت إنه ليس خفيف الظل.

- **أَنَاقَة (ء ن ق)**

= جمال الملابس

elegance

أحبته الفتاة من بين زملائه، لحسن أخلاقه، وثقافته، بالإضافة إلى أناقته الشديدة.

- **متناهٍ (للمذكر)/ متناهية (للمؤنث) (ن هـ ي)**

= وصل إلى النهاية والقمة في شيء ما

utmost; extreme; absolute; exceptional

تشتهر دول الشرق الأقصى بدقتها المتناهية في الصناعات اليدوية مثل التطريز والخزف.

- **راوٍ، ج. رواة (ر و ي)**

= شخص يحكي

narrator

كان الأطفال يتجمعون في طرقات القرية حول الراوي ليستمعوا إلى حكاياته الجميلة.

- **ألْقى (محاضرة أو خُطْبة)، يُلقي، الإلقاء (ل ق ي)**

= قال (محاضرة أو خطبة) أمام الجمهور

to deliver a speech or lecture

ألقى علينا أستاذنا في الجامعة محاضرة قيمة عن الإدمان وآثاره النفسية والجسدية الخطيرة.

- **دَوّن، يُدَوِّن، التدوين (د و ن)**

= سجل بيانات

to write down; to record

دَوّن الأستاذ أسماء الطلاب الحاضرين الصف في سجل الحضور.

- **لِفافة (من الورق)، ج. لِفَافات (ل ف ف)**

= ما يكون من ورق أو على شكل ورق ويُلفُّ على غيره

wrapping paper; wrapper; covering

تركت له بعض المال والأغراض في لِفافة كبيرة بجانب باب داره.

تدريبات على مفردات "الحلم رقم ٦"[١٥]

١. أكملوا الجمل الآتية بفعل مناسب من الأفعال الآتية مع تغيير ما يلزم:

(مَسّ - شَيَّع - ألقى - دوّن)

أ. .... وزير خارجية اليابان كلمة اليوم في المجلس التشريعي الفلسطيني حول خارطة الطريق.

ب. سوف .... جنازة العاهل المغربي الراحل في الساعة الرابعة والنصف بعد عصر اليوم.

ج. وإذا كان هناك حلول وسط، فيمكن أن نقبلها بشرط ألا .... الثوابت والحقوق التي نتمسك بها.

د. إنه مجرد دفتر صغير يحمله في جيبه، .... على صفحاته—حينما يحلو له—كلمات شعرية تخطر في باله.

٢. اختاروا من بين الأقواس المعنى الصحيح لما تحته خط:

أ. بالرغم من مرور ١٧ عامًا على أحداث تلك المرحلة، فإنني أنحني <u>إجلالاً</u> واحترامًا ووفاءً لشهدائنا الذين قدموا حياتهم لكي نعيش نحن ونتقدم. (إخلاصًا - تعظيمًا - حبًا)

ب. إن الحزن كان انطباعها الأول، كما أبدت <u>دهشتها</u> من وجود كل هذه الكراهية في العالم. (حزنها- انزعاجها - مفاجأتها)

ج. تأملتها. فتاة تتمتع بقسط وافر من الجمال وال<u>وسامة</u>، كأنها منحوتة على يد فنان مثّال عبقري. (الجمال- الفن- الثقة بالنفس)

د. من المفترض في اختيار طلاب هذه الدورات الدقة <u>المتناهية</u> والكفاءة العالية والرغبة في التطوير. (التامة - الكبيرة - العظيمة)

ه. يشير المؤلف—في مطلع كتابه—إلى اختلاف الرواة وال<u>مدونين</u> حول زمن أول بناء للكعبة. (القدماء - الكتّاب - المستمعين)

---

١٥ صححوا إجاباتكم من على الموقع الإلكتروني للكتاب.

٣. ضعوا دائرة حول الكلمة الغريبة (من حيث المعنى أو المجال) في كل مجموعة:

أ. تشييع - إجلال- تعظيم- تقدير

ب. أناقة - وسامة - لفافة - جمال

ج. مدوِّن - راوٍ- متناهٍ- وسيم

د. دهشة - إجلال - انفعال - مساس

٤. ضعوا كلمة أو عبارة أخرى بالمعنى نفسه بدلاً مما تحته خط:

أ. يُلقي جلال مراد غدًا محاضرة بعنوان التشغيل وسوق العمل.

ب. لدينا الكثير من السير الشعبية التي جمعها الجامعون من أفواه رواة احترفوا التشويق وجذب انتباه جمهور المستمعين إلى مواضيع قصصهم.

ج. على الناخب أن يدون أسماء المرشحين في ورقة الاقتراع بصورة مقروءة وواضحة حتى لا يتعذر قراءتها فيما بعد.

د. لفتني في شخصيتها—قبل أناقة ملبسها—أناقة حوارها وخلفيتها الثقافية بكلمات تحيطها بنور المعرفة.

ه. في بادئ الأمر ظهر عليهم كثير من مظاهر الدهشة والحيرة؛ فهم لا يصدقون أنني بهذه الدرجة من الطيبة.

٥. أكملوا النصف الآخر من الجمل الآتية:

أ. المدرس في اليابان هو الأكثر احترامًا وتقديرًا وإجلالاً وهو الأعلى مرتبًا والأوفر ....

ب. أرسلت والدة الطفلة الصغيرة رسالة إلى الدكتور مجدي يعقوب تشرح له فيها حالة ابنتها، فمست الرسالة قلب الطبيب الإنسان مجدي يعقوب فـ........
....

ج. تشيع غدًا جنازة جون كيندي الابن وزوجته كارولين بايست وشقيقتها لورين
....

د. في إطار الاهتمام الدولي بمصر، تتابع اللجنة باهتمام بالغ الخطوات التنفيذية للمشروعات التي ....

ه. لو كنت أملك وسامة المُغَنّي وائل كفوري، أو راغب علامة لـ...............
....

٦. كوّنوا كلمات جديدة من كل جذر مما يأتي، ثم ضعوا كلا منها في جملة:

د هـ ش – ت ب ع – ر و ي

٧. هاتوا كلمات تماثل الكلمات الآتية في الوزن، وضعوها في جمل:

إجلال – وَسامة – لِفافة

٨. أكملوا ما يأتي بالكلمة الأكثر مناسبة مما بين الأقواس:

أ. تخيلتها ذات فم صغير، وذقن صغير، وعنق رائع، ووجه بيضاوي، ذات .... وشعر مسترسل على كتفيها العاريين. (أناقة – وسامة – إجلال)

ب. .... الرئيس السوري خطبة أمام المشاركين في المؤتمر. (ألقى – دَوّن – روى)

ج. استخدام القياس بالليزر في أزمنة .... الصغر يمثل أهمية كبيرة في تشخيص الكثير من الأمراض. (متناهية – مدهشة – عظيمة)

٩. أكملوا الجمل الآتية بكلمة مناسبة من بين الكلمات الجديدة:

أ. وما أن اقتحمها القائد الإيطالي حتى انحنى .... لهذه البطولة التي لم ير – كما قال – لها مثيلاً من قبل.

ب. النظارات الشمسية 'راي – بان' تجتاح أسواق .... بأحدث صيحات الموضة.

ج. أخبرت ابنته المحقق بأنها قد رأت شريك والدها يعطي أمها ....، وسمعته يقول لها: "قليل منه يقتل."

"الحلم رقم ٦" من "أحلام فترة النقاهة" لنجيب محفوظ

أولاً: تمهيد لقراءة النص

١. اقرأوا البُعد الثقافي الآتي عن الملابس، وقارنوه بها في ثقافتكم المحلية الحالية والتاريخية.

القفطان والجبة:

القفطان رداء للرجال مصنوع من القطن الثقيل المقلم عادة، وهو مفتوح يربط بأزرار من الخيط القطني وإزار عريض حول الوسط. وهو عادة خاص برجال الدين والأثرياء من الريف والأحياء الشعبية. و غالبًا ما يلبسه الرجال تحت الجبة التي تعتبر مثل المِعطف (mantle) المفتوح، وله أكمام طويلة واسعة.

٢. مناقشة ثقافية:

عُرف المجتمع المصري بالتدين منذ فجر تاريخه، وكان علماء الدين والشيوخ هم معلمو الشعب لسنوات طويلة، وما زالوا هكذا في بعض القرى والنجوع في الريف المصري، كما كانوا دعاة النهضة والتنوير وأصحاب الدعوة إلى الحرية والاستقلال في التاريخ المصري المعاصر.

ناقشوا الأسئلة التالية مع زملائكم:

أ. في رأيك هل فكرة التدين تختلف أم تتعارض مع فكرة المجتمع؟ كيف؟ لماذا؟

ب. هل يمكن للدين أن يصبح أساسًا للثقافة القومية؟ كيف؟

ج. هل يمكن لعلماء الدين والشيوخ أن يظلوا مسئولين عن التعليم في عصر التكنولوجيا؟ لماذا؟

د. ماذا تعرف عن ظاهرة الأصولية والعلماء والدعاة في المجتمع العربي اليوم؟

٣. الرُّؤى الرابط رقم (١): بعد مناقشة الأسئلة السابقة مع زملائكم، اقرأوا مقال "الشخصية المصرية بين الدين والتطرف" للكاتبة باسنت موسى، ثم أعيدوا النظر في آرائكم في ضوء الآراء التي وردت فيه.

٤. مع انتشار الفكر الديني المتشدد كثر التخريب في المجتمع المصري، وكثرة الدعاة الذين يستخدمون 'التحريم' وسيلةً لفرض فكرهم الأصولي على الغالبية العظمى من الطبقة الكادحة، محدودة الثقافة، قليلة التعليم، ومع تفشي التحريم والمحرِّمين، نقرأ اليوم في صحفنا العربية عن مجموعة من العلماء والدعاة، ونشاهدهم في فضائياتنا، يدعون الناس إلى تغييب العقل والاستسلام لكل ما هو قبْلي أو سلفي.

أ. ماذا تعرفون عن معنى كلمة الداعية ومن العالمِ (في الدين)؟

ب. ما دور كل منهما في رأيك؟

ج. ما الدعوة؟

٥. الرُّبى الرابط رقم (٢): اقرأوا تعريف الدكتور ناصر بن عبد الكريم للدعاة في كتابه "العلماء هم الدعاة،" ثم كونوا مجموعتين (مجموعة تتبنى رأي ناصر عبد الكريم، ومجموعة أخرى تعارضه)، واعقدوا ندوة لمناقشة تعريفه للدعاة، وخطورة دور الداعية في الحياة المعاصرة.

٦. مناقشة حول الأحلام:

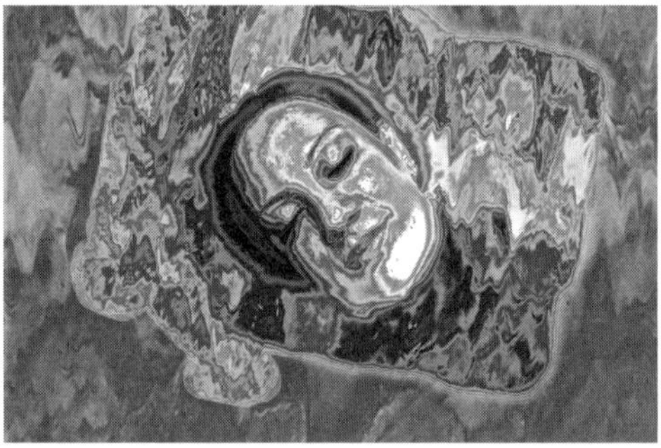

تناقشوا مع زملائكم في الآتي:

أ. ماذا يحدث عندما ننام؟

ب. في أية مرحلة من مراحل النوم يحلم الإنسان؟

ج. متى نتذكر الأحلام؟

د. هل هناك حقًا أناس لا يحلمون أبدًا؟

ه. هل الأحلام أنواع؟

و. هل تختلف أحلام النساء عن أحلام الرجال؟

ز. من يهتم بمحتوى الأحلام أكثر: الرجال أم النساء؟

ح. هل تكون المشاهد في الأحلام ملونة؟ أم بالأبيض والأسود؟

ط. ماذا تعرف عن اهتمام المسلمين بالأحلام؟

ي. هل الأحلام مفيدة؟ هل هناك أمراض أو اضطرابات عضوية تصاحب الأحلام؟

ك. هل فسرت أحد أحلامك أو حلم أحد أصدقائك من قبل؟ ما ذلك الحلم وكيف فسرته؟

٧. قراءة الأحلام وتفسيرها:

الرُّبى الرابط رقم (٣): المجموعة (أ) تقرأ الأحلام التالية.[١٦] تحاول المجموعة أن تفسر الأحلام مستعينة بقواميس تفسير الأحلام وكتبها المذكورة في موقع كتاب "الربى."

أ. باحلم كتير إن يوم القيامه قرب قوي . . . بالظبط كده كمان يوم أو يومين وأنا مفزوع قوي وباحاول أعمل أي خير ينفعني قبل ما يوم القيامة يقوم. والناس اللي معايا مش مفزوعة ولا حاجة وباصحى من النوم مفزوع.

ب. دايماً باحلم إني سايقة عربية، أو معايا مفاتيح عربية، أو عملت حادثة، مع إني أساسًا مش عندي عربية، ولا باعرف أسوق. وبجد الموقع بتاعكم ده جامد جدًا.

ج. حلمت إني باسرّح شعري ونزل قمل وقتلته.

١٦ المصدر: موقع "عيني عينك":
http://www.3iny3ink.com/forum/forumdisplay.php?f=131

د. حلمت إن السماء زي البحر فوقنا وهتقع علينا وفي فرح بس مش عارف مين وقعدت اقول لهم بدال ما تغنوا قولوا «لا إله إلا الله» وقعدت أرددها.

هـ. حلمت إن فيه واحد صاحبي أنا متخاصم معاه بيجري ورايا وأنا مش عايز أقف له.

و. كنت باحلم إن ديدان بتخرج من جسدي وكانت كتيرة جدًا.

ز. حلمت إني باقتل أبويا.

ح. حلمت بأن نتيجتي ظهرت ورسبت في أربع مواد مع العلم أن النتيجة لا تظهر إلا في نهاية العام لأني في كلية نظرية.

ط. حلمت بالإنسان اللي باحبه وهو بيقصر رغم إنه طويل أصلاً.

ى. أختي حلمت لي إن الولد اللي مرتبط بيّ جاء هو وأهله وقرأوا الفاتحة ولكن مامته ومامتي اتخانقوا مع بعض.

المجموعة (ب) تقرأ الأحلام التالية من موقع "عيني عينك."[١٧] تحاول المجموعة أن تفسر الأحلام مستعينة بقواميس تفسير الأحلام المذكورة في موقع كتاب "الربى":

ك. شفت إني قاعده على كرسي وفي الأرض تعبانين قاعدين يحرسوني.

ل. رأى والدي ذلك الحلم مرتين وهو أن أختي الصغيرة نورهان—سنتين ونصف—تسقط من سطح المنزل.

م. حلمت إن الولد اللي معايا في الدرس أنقذني من أولاد هجموا عليّ وأنا في الشارع وبعدين حبيته واتجوزنا.

---

١٧ المصدر: موقع "عيني عينك":
http://www.3iny3ink.com/forum/forumdisplay.php?f=131

ن. ماما شافت أخويا باع اللي حيلته وماعدش يسأل فينا وراكب جمل وبتسلم عليه وهو سلم عليّ والمكان اللي فيه زي مصر، وهي بتقول لبابا الواد ما عدش بيسأل فينا.

س. شفت إن خطيبتي اللي سابتني كانت معايا بس ما كلمتنيش مع إن كل إخواتها كلموني.

ع. أنا مخطوبة وحلمت إن خطيبي جه وجايب معاه عروسة كبيرة وطبق حلويات بس فيه نوع من البسبوسة أنا باحبه فجايب ربع الطبق حلويات والباقي من البسبوسة دي فأنا باقول له أنت جايب دا كله ليه؟ قال لي عادي، ولسه بنتكلم لاقيت ناس بتصوت، خطيبي بيبص من الشباك قال: يا نهار أسود! فأنا جيت أبص لاقيت دوامة هواء لونها أسود وبتاخد كل اللي قدامها وناس بتموت راح ماسك إيدي وقال لي: ما تسبينيش. قلت له: طيب هشوف أمي وإخواتي، قال لي: لأ، ما تسبينيش. وراح ضمّني وراحت العاصفة شالت العمارة اللي ساكنين فيها وقمت لاقيته معايا. وبعدين رحت أدور على أمي وإخواتي لاقيت إخواتي لكن أمي ما لاقيتهاش بس فيه حتة مش فكراها أنا لاقيت أمي ولا لأ.

ف. رأيت الفتاة التي أحبها وأنا أجلس معها وأصرح لها بحبي وبعد ذلك اختفت.

ص. حلمت إني متجوزة وعندي بنت صغيرة وأمورة، وكنا بنتفسح أنا وجوزي وبنتي وكان فيه قرود في الشارع.

ق. بسم الله الرحمن الرحيم. حلمت إني باسمع آية قرآنية وهي "وقال ربكم ادعوني أستجب لكم"، وصحيت بعدها على طول.

ر. السلام عليكم ورحمة الله وبركاته. حلمت أني أذبح ابنتي وبعد كده سبتها ونزلت من السطوح وطلعت أشوف إيه اللي حصل، لاقيت نور نزل من السماء في المكان الذي قمت بذبحها فيه، مع العلم أن ابنتي ميتة وعمرها ١٥ سنة.

٨. اقرأوا التفسيرات الآتية واختاروا التفسير المناسب للأحلام التي قرأتموها:

أ. يشير هذا الحلم إلى استمرار تفكيرك في ابنتك يرحمها الله سبحانه وتعالى وظنك في الله الظن الحسن أنها شهيدة وسوف تلقى أفضل تكريم وأرقى معاملة منّا من الله سبحانه وتعالى وفضلاً عظيماً.

ب. يشير هذا الحلم إلى اقتناعك التام برحمة الله عز وجل وقدرته اللامحدودة على العفو والغفران والوقوف إلى جوار عباده سبحانه والمن عليهم بما يحتاجون إليه ويتمنونه لو أخلصوا له الدعاء والنية.

ج. يشير هذا الحلم إلى وجود خلاف عميق بينك وبين والدك وعدم وجود أرض مشتركة تقفان عليها معًا، مما يسبب لك قلقًا وتوترًا ويجعلك تحلم بالخلاص من هذا المأزق واستئناف الحياة معه بشكل مختلف.

د. يشير هذا الحلم إلى قلق أختك عليك وعلى مستقبلك مع هذا الإنسان، وربما استباقها الأحداث وتوقعها حدوث بعض المشاكل في هذه العلاقة من جراء المعلومات التي توصلينها إليها ومعرفتها بتوجهات والدتك في مثل هذه المواضيع.

هـ. يشير هذا الحلم إلى خلاصك بإذن الله سبحانه وتعالى من هم مقيم لم تكوني تتصورين خلاصك منه في هذا الوقت بالذات، وأيضًا دورك الفعال والإيجابي للخروج من هذه الأزمة.

و. يشير هذا الموقف إلى خوفك الشديد من المواقف المفاجئة التي لا تكونين على دراية كافية بكيفية التعامل معها والخروج من المواجهة معها بأقل قدر ممكن من الخسائر، وربما يشير كذلك إلى رغبتك في الإقدام على اتخاذ قرار لكنك تخشين من عواقبه.

ز. يشير هذا الحلم إلى رغبتك المشروعة في الارتباط بمن يحبك ويقدرك ويحقق لك حلم الأمومة الذي لا يفارق خيالك، وكذلك علمك أن الحياة مع منحها وسخائها لا يمكن أن تخلو من منغصات ومشاكل، لكنك تتمنين أن يكون الارتباط الأسري وقتها هو الجدار العازل بينك وبين كل ما يضايقك.

ح. يشير هذا الحلم إلى كثرة تفكيرك في الآخرة وما يجب عليك فعله والقيام به من أجل هذه الرحلة التي لا يعلم أحد إلا الله سبحانه وتعالى كيف سيكون حالنا بعدها، وأيضًا، ركونك للتكاسل في بعض الأحيان لأن من حولك لا يشجعونك على الالتزام، ولكن هذا يوم لا ينفع أحدًا، "ولا تَزِر وازرة وزر أخرى"، فاعمل الخير واحرص على الطاعة لأنه لا أحد يعلم متى تقوم قيامته.

ط. يشير هذا الحلم إلى رغبتك في المرور بقصة حب مثلك مثل جميع من يحيطون بك، وأيضًا المرور بالصعاب والعقبات حتى يأتي فارس الأحلام وينقذك من الأشرار ويطير بك إلى عش الزوجية السعيد، ولعل هذا هو من تأثير المراهقة التي تمرين بها أكثر من غيرك.

ي. يشير هذا الحلم إلى قوة المشاعر التي تشعر بها تجاه هذه الفتاة ورغبتك في التصريح لها بمشاعرك إلا أنك تخشى العواقب أو لا تتصور أن يكون ذلك بداية لتقوية العلاقة ولكن نهايتها.

ك. يشير هذا الحلم إلى قوة ما تشعرين به من مشاعر تجاه خطيبك، وإحساسك بقدرته على إسعادك وتوفير ما تحتاجين إليه، وأيضًا إحساسك باحتياج كل منكما للآخر للوقوف في وجه كل الأزمات والصعاب التي تعترض طريقكما، وربما كذلك بعض الحيرة من الصراع التقليدي بين حبك وولائك لخطيبك وحبك وولائك لأهلك.

ل. يشير هذا الحلم إلى تخلصك من مشاكل وعقبات كثيرة بإذن الله سبحانه وتعالى، ربما كانت خافية عليك أو على الأقل لا تعرف مقدار خطورتها وتأثيرها الكبير على مستقبلك وحياتك.

م. يشير هذا الحلم إلى قلقك بصدد هذا الصديق ومن محاولاته التي يمكن أن يبذلها لاستقطابك مرة أخرى أو محاولة فرض نفسه عليك، وربما يشير إلى عدم صفائك له بعد بدرجة كافية لكي تتمكن من تجديد العهد بينكما ثانية هذه الفترة على الأقل.

ن. يشير هذا الحلم إلى انشغالك بمن حولك ورغبتك في هدايتهم وإرشادهم لما فيه خلاصهم وخلاصك، لكنه يشير كذلك إلى أن نسبة نجاحك في ذلك ليست كبيرة لعدم التقاء وجهات نظركم في كثير من الأحيان.

س. يشير هذا الحلم إلى كثرة تفكيرك في النتيجة وخوفك الطبيعي منها سواء أكنت قد أحسنت في الامتحانات أم لم يجانبك التوفيق، وحذرك بالتالي مما يسيئك، وأملك في ربنا سبحانه وتعالى أن ينصفك، وأن يرفع من شأنك، وأن تكون النتيجة إن شاء الله العظيم بالشكل الذي تمنيته وحلمت به.

ع. يشير هذا الحلم إلى خوفك من أن يتغير هذا الإنسان بعد قليل، وتجدينه على صورة مختلفة عن التي ارتضيت به من أجلها، أو حتى أن يتغير بفعل ظروف الحياة ولا يكون هناك وجه مقارنة بين ما صار عليه والذي كان عليه من قبل وجذبك إلى عالمه.

ف. يشير هذا الحلم إلى رغبتك في أن تعود قصتك مع خطيبتك السابقة إلى سابق عهدها، فأنت لم تنسها بعد فيما يبدو ولم تجد عنها بديلاً، لكنك تشعر أن الأمور ليست دائماً بهذه البساطة، وربما ترفض هي ذلك نظرًا لانصراف قلبها إلى سواك أو وجود خطط أخرى لديها لا مكان لك فيها من قريب أو بعيد.

ص. يشير هذا الحلم إلى اختلاف نظرتك للأشياء عمن حولك ويحيطون بك، وقدرتك على استخراج معاني أخرى من الأحداث والمواقف لم يتوقعها أحد، وكذلك استغلال ما يعجز عنه الآخرون وتسخيره لما يعود عليك بالنفع والمصلحة.

ق. يشير هذا الحلم إلى اعتراض والدتك على بعض سلوكيات أخيك، وخوفها عليه من نتيجة مثل هذه السلوكيات، وربما كذلك يشير إلى بُعد أخيك عن والدتك وعدم قدرته على إشعارها بما في قلبه من حنان وحب لها مما يدفع بالخوف إلى قلبها من أن يكون مصيره ومستقبله في خطر.

ر. يشير هذا الحلم إلى حب والدك الشديد لابنته الصغيرة وخوفه عليها من مصائب الأيام وما يمكن أن تكون قد ادخرته من أجلها، خاصة مع صغر سنها، ورغبته الصادقة في توفير أقصى درجات الراحة والحماية لها.

ثانيا: القراءة الأولى

١. اقرأوا "الحلم رقم ٦" ثم أجيبوا عن الأسئلة الآتية.

ضعوا علامة (✓) أمام العبارة الصحيحة، وصححوا العبارات غير الصحيحة:

أ. الأستاذ لم يمت. ( )

ب. الطالب يريد زيارة أستاذه. ( )

ج. الأستاذ جاء متأنقًا. ( )

د. لم تكن عادة الشيخ التأنق في الماضي. ( )

ه. كان الشيخ يلبس البذلة ورباط العنق. ( )

و. كان الأستاذ مشهورًا بالشدة وعدم حب تلاميذه. ( )

ز. الأستاذ يشعر بالمسئولية العلمية تجاه تلاميذه. ( )

ح. العلم يتطور، ولذلك يجب ألا نقف عند حد. ( )

ط. الاحتكاك الثقافي والفكري - في رأي الأستاذ - لا يؤدي إلى تطوير الفكر. ( )

الحلم رقم ١٨٦

رن جرس التليفون وقال المتكلم:

- الشيخ محرم أستاذك يتكلم.

فقلت بأدب وإجلال:

- أهلاً أستاذي وسهلاً.

- إني قادم لزيارتك.

- على الرحب والسعة.

لم تمسَّني أية دهشة، على الرغم من أنني شاركت في تشييع جنازته منذ حوالي ستين عامًا وتتابعت عليَّ ذكريات لا تنسى عن أستاذي القديم في اللغة والدين، وما عرف عنه من وسامة الوجه وأناقة الملبس، إضافة إلى شدته المتناهية في معاملة التلاميذ. وجاء الشيخ بجبته وقفطانه الزاهيين وعمته وقال دون مقدمات:

- هناك عايشت العديد من الرواة والعلماء، ومن حواري معهم عرفت أن بعض الدروس التي كنت ألقيتها عليكم يحتاج إلى تصحيحات فدونت التصحيحات في الورقة وجئتك بها.

قال ذلك ثم وضع لفافة من الورق وذهب.

١٨ "أحلام فترة النقاهة،" نجيب محفوظ، دار الشروق، القاهرة، ط٢، ٢٠٠٦.

ثالثاً: القراءة الثانية

١. الرُّبى الرابط رقم (٤): بعد أن تقرأوا "الحلم رقم ٦" شاهدوا وصية الشيخ عمر عبد الكافي للطالب المسلم في موقع YouTube، ثم قارنوا بين رسالة الشيخ في حلم نجيب محفوظ وما قاله عمر عبد الكافي. (يمكنكم البحث عن هذا في أي محرك بحث باستخدام كلمات: "وصية عمر عبد الكافي للطالب المسلم،" أو مشاهدته في موقع كتاب "الربى" على موقع YouTube).

٢. الرُّبى الرابط رقم (٥): قال نجيب محفوظ في لقاء له مع جمال الغيطاني تحت عنوان "إذا توقفت الأحلام . . . انتهت الحياة": "أحلامنا غريبة جدًا، تأتي من اليمين والشمال، من زمان والآن، وكثيرًا يبدو الحلم كأنه لن يقول شيئًا، وحينما تفكّر فيه تولد منه أشياء!" ما رأيكم في رأيه من خلال تجربتكم مع الأحلام؟

٣. الرُّبى الرابط رقم (٦): اقرأوا الباب الأول من كتاب "تداعيات أحلام فترة النقاهة" للكاتب د. محمد المهدي، وهو يناقش الإبداع الفني في خريف العمر لدى الكاتب الكبير نجيب محفوظ، ثم أجيبوا عما يأتي من أسئلة حسب فهمكم للنص:

أ. ما إبداعات الخريف عند نجيب محفوظ؟

ب. كيف كان نجيب محفوظ يقرأ النفس الإنسانية؟

ج. لماذا اختار الأديب الكبير الحلم وسيلة للتعبير عن فكره؟

د. كيف يمزج الأدباء في أعمالهم بين الإبداع الأدبي والجنون والحلم ليعبرّوا عن أفكارهم المستقلة والحرة في وسط عالم مستبد؟

ه. ما علاقة محفوظ بالسلطة ورجال الدين؟

و. ماذا فهمتم عن كتابه "أحلام فترة النقاهة"؟

ز. هل للإبداع عمر افتراضي؟ ناقشوا مستعينين بما فهمتم من النص.

ح. يقول الدكتور محمد المهدي إنه يقرأ الأحلام، ويجعل الأفكار تتداعى لتلقي ضوءًا على دلالات الحلم وارتباطه بواقع الحياة والنظام الذي عاش في ظله

محفوظ. إذا اتبعتم منهج الدكتور المهدي في قراءة "أحلام فترة النقاهة"، ما التداعيات التي ترد إلى ذهنكم عند قراءتكم "الحلم رقم ٦"؟ اكتبوا ما لا يزيد عن عشرة أسطر، موضحين هذه التداعيات، مستعينين في ذلك بما درستم عن أسلوب نجيب محفوظ الأدبي.

ط. اقرأوا "تداعيات الحلم رقم ٦" كما كتبها الدكتور المهدي، ثم قارنوا تداعيات الحلم عندكم وعند الدكتور محمد المهدي، مناقشين أوجه التشابه والاختلاف .

ي. يتكلم الدكتور المهدي في "إبداعات الخريف عند نجيب محفوظ" عن الحلم بوصفه وسيلة آمنة للتعبير، ولعرض سلبيات المجتمع و وعلاجها؛ فيقول:

"وأحلام فترة النقاهة هي بمثابة محاولة علاجية للكثير من السلبيات والأفكار والتصورات السائدة إضافة إلى كونها رؤية فلسفية للإنسان والحياة متعددة الجوانب والمستويات. وهذا الموقف الإيجابي من الأحلام (كوسيلة للرؤية ووسيلة للتغيير) يعيد إلينا موقف المصريين القدماء من هذا الموضوع حيث كانوا يحتفون بالحلم ويحترمونه لدرجة أنهم أقاموا معابد للنوم في جزر فيلة وكان يشرف عليها الطبيب أمحوتب (أول طبيب معروف تاريخيا) وكان كاهنًا وطبيبًا للملك زوسر الذي بنى أهرامات سقارة ٢٩٠٠ سنة قبل الميلاد. وكان الناس يحضرون إلى معابد النوم ليناموا في هذا الجو المفعم بالقداسة فيحلمون ثم يقوم الكهان بتفسير هذه الأحلام بطريقة بنائية تبعث الأمل والحياة في نفوسهم. وبالتالي كان الحلم عند قدماء المصريين ظاهرة إيجابية بنائية شفائية تؤدي إلى تحسين حياة الإنسان في يقظته."

ناقشوا هذا الزعم في ظل إبداع محفوظ في "الحلم رقم ٦".

رابعاً: القراءة الثالثة

١. احذفوا من النص جملتين أو ثلاثًا على الأكثر بحيث تتحول القصة إلى قصة واقعية لا علاقة لها بالحلم، ثم ناقشوا الدلالة الفنية لذلك.

٢. استخدم محفوظ في هذه القصة حوارًا قصيرًا مكثفًا لكنه يكشف عن طبيعة العلاقة بين الشخصيتين. كيف؟

خامساً: نشاط كتابة

اكتبوا وصفًا لشخصية الشيخ محرم من خلال القصة، مع الإضافة إليها من خيالكم، وابدأوا بما يأتي:

"كان الشيخ محرم أستاذ اللغة والدين يعرف عنه الناس أنه . . . "

يوسف إدريس

التمهيد

أجيبوا عما يأتي:

١. ماذا تعرفون عن يوسف إدريس؟

٢. اكتبوا ثلاثة أسئلة تتوقعون أن يجيب عنها نص القراءة الآتي عن الكاتب.

٣. اقرأوا النص، وحددوا الأسئلة التي توقعتم أن تجدوا لها إجابات ولم تجدوها في النص.

يوسف إدريس

روائي، مسرحي، كاتب قصص قصيرة مصري، ولد في ١٩ مايو ١٩٢٧، لأسرة من الطبقة الوسطى، إذ كان أبوه يعمل في استصلاح الأراضي، وكان يتركه لوقت طويل مع جدة صارمة، ولهذا لم يعش طفولة بالمعنى الحقيقي للكلمة.

درس الطب بجامعة فؤاد الأول (القاهرة)، وانشغل بالسياسة أثناء الدراسة، وهو ما أدى إلى سجنه لبضعة أشهر. ولم يتوقف عن الاهتمام بالسياسة، ومن ثم اعتقل عام ١٩٥٥، كما مُنع من الكتابة عام ١٩٧٢ بسبب توقيعه على بيان الكتّاب ضد الرئيس السادات؛ ولم يتوقف اهتمامه بالسياسة طوال عمره، لكن أهم مظاهر اهتمامه ذاك كان انضمامه إلى ثورة الجزائريين وحربه معهم من أجل الاستقلال لمدة ستة أشهر.

على الرغم من أنه عمل طبيبًا (١٩٥١ – ١٩٦٠) فإن صاحبة الجلالة (الصحافة) دعته فلبى نداءها، وعمل محررًا بجريدة الجمهورية (١٩٦٠ – ١٩٧٣)، ثم عمل بالصحافة في الأهرام حتى آخر حياته.

نشر يوسف إدريس قصته الأولى—وهو لا يزال طالبًا (١٩٥٠)—في مجلة القصة، وكانت قصة "أنشودة الغرباء." أما مجموعته القصصية الأولى فكانت "أرخص ليالي."

عبرت مجموعاته القصصية الأولى عن اهتمامه بالجانب الاجتماعي والسياسي، وقدم عالم القرية وعالم المدينة على اختلاف طبقاتها وبيئاتها المكانية. وحرص على أن يقدم شخصيات متفردة لا تتكرر. وعلى الرغم من أن البطل الأثير لديه كان الإنسان المقهور

الحالم الذي لا تتحقق أحلامه البسيطة العادلة؛ فإنه كان حريصًا على أن يُبقي بابًا مفتوحًا أو مواربًا نحو الأمل في المستقبل. وتعتبر المجموعات القصصية الأولى عالمًا متكاملاً، وكان عددها خمسًا هي: "جمهورية فرحات" (١٩٥٦)، "أليس كذلك؟" (١٩٥٧)، "البطل" (١٩٥٧)، "حادثة شرف" (١٩٥٨)، بالإضافة إلى مجموعته الأولى "أرخص ليالي."

في عام ١٩٥٩ تغيرت رؤية إدريس للعالم بعد القبض على معظم مثقفي اليسار من أصدقائه ورفاق طريقه الثقافي والسياسي، فبدأت مرحلة جديدة متشائمة ظهرت في أعماله: "آخر الدنيا" (١٩٦١)، "العسكري الأسود" (١٩٦٢)، "لغة الآي آي" (١٩٦٦)، "النداهة" (١٩٦٩).

في المجموعات القصصية الأربع الأخيرة، وهي "بيت من لحم" (١٩٧١)، "أنا سلطان قانون الوجود" (١٩٧٨)، "اقتلها" (١٩٨٢)، "العتب ع النظر" (١٩٨٧)، ركز على المتغيرات الاجتماعية الجديدة وعلى تغير القيم الأخلاقية المصرية وعجز الفرد عن مواجهة هذه التغيرات.

ظل إدريس في كتابته القصصية مثار الجدل والتقدير معًا؛ فقد احتل منذ مطلع الخمسينيات مكانة مرموقة في عالم القصة القصيرة العربية. وقد تأثر إدريس ببعض الكتاب الروس مثل مكسيم جوركي وتشيكوف، واتبع المدرسة الواقعية، لذا نراه حريصًا على الرسم الدقيق للطبقات الاجتماعية المختلفة في الريف المصري والمدينة، خصوصًا العاصمة.

ركز يوسف إدريس على الفقراء في المدن، فعبر عن أوضاعهم الصعبة وآمالهم وآلامهم. ونلاحظ في مجموعته "أرخص ليالي" (١٩٥٤) اتجاهًا إنسانيًا عميقًا. ثم مال—بعد ذلك—إلى الوجودية والحرية الفردية في مجموعته "آخر الدنيا" (١٩٦١)، ثم اتجه في أواخر الستينيات إلى التصوير الدقيق للشخصيات وحالاتها النفسية المتنوعة. وقد صوّر يوسف إدريس فترة مهمة في تاريخ مصر الحديث بدءًا من ثورة ١٩٥٢ مرورًا بالتأميم والإصلاح الزراعي وحرب ١٩٦٧، وكان أثره كبيرًا فيمن عاصره وتلاه من كتاب القصة القصيرة.

انتقل يوسف إدريس من الواقعية إلى الرؤية الملحمية إلى الأزمة الداخلية، وانتهى بالتخلص من التسلسل المنطقي، وفي كل تحولاته كان له أسلوبه الخاص على مستوى التعبير وله رؤيته الثاقبة على مستوى المضمون.

تكتمل صورة إبداع يوسف إدريس القصصية برواياته التي بدأت برواية قصة حب، وكانت روايته "الحرام"—التي أصبحت عملاً سينمائيًا—من أهم إنجازاته الإبداعية التي فضح فيها المجتمع وكشف فيها عن تناقضاته على مستوى القيم والأفكار.

كتب إدريس كذلك عددًا مهماً من المسرحيات التي حاول التجديد فيها متأثرًا بالمدارس المسرحية العالمية، ومن تلك المسرحيات: "ملك القطن" (١٩٥٦)، "الفرافير" (١٩٦٤)، "المخططين" (١٩٦٩)، و"البهلوان" (١٩٨٣).

يتضح من كتابات إدريس تنوعها وعمقها، ومن ثم كان له تأثير حاسم على كل من عاصروه ومن جاءوا بعده، خصوصًا في مجال القصة القصيرة، ولم ينته تأثيره بوفاته في أول أغسطس من عام ١٩٩١م.

أولاً: القراءة الأولى

اقرأوا النص، وضعوا علامة (✓) أمام العبارة الصحيحة، وصححوا العبارات غير الصحيحة:

أ. كتب يوسف إدريس الرواية والمسرحية. ( )

ب. أسرته من الطبقة الأرستقراطية. ( )

ج. جدته كانت حنونًا طيبة. ( )

د. عاش طفولة سعيدة. ( )

ه. سجن يوسف إدريس لنشاطه السياسي أثناء دراسته الجامعية. ( )

و. لم يكن يوسف إدريس مواليًا لسياسة السادات في مصر. ( )

ز. كان اسم جامعة القاهرة في العشرينيات من القرن العشرين 'جامعة فؤاد الأول.' ( )

ح. مُنع يوسف إدريس من الكتابة عام ١٩٥٥. ( )

ط. حارب إدريس في الجزائر مدة ثلاثة أشهر. ( )

ي. عمل طبيبًا مدة إحدى عشرة سنة. ( )

ك. عمل صحفيًا منذ الستينيات حتى نهاية حياته. ( )

ل. اهتم بالجانب الثقافي والاجتماعي في قصصه. ( )

م. على الرغم من اهتمام إدريس بالإنسان المقهور؛ فإن قصصه لا تخلو من الأمل. ( )

ن. كتب يوسف إدريس عن الطبقات الاجتماعية المختلفة، وفي أواخر الستينيات صور الشخصيات وحالاتها النفسية المتنوعة. ( )

ثانياً: القراءة الثانية

١. أكملوا ما يأتي بحسب ما فهمتم من النص:

أ. بدأ يوسف إدريس العمل بالصحافة في ....

ب. نشر قصته الأولى ....

ج. تعتبر "أرخص ليالي" ....

د. قدم يوسف إدريس في قصصه ....

ه. بطل يوسف إدريس المفضل في كتاباته كان ....

و. المجموعات القصصية الأربعة الأخيرة تركز على..........................

ز. تأثر يوسف إدريس بـ..........................

ح. اكتملت صورة إبداع يوسف إدريس القصصي ....

ط. من أهم إنجازاته الإبداعية ....

٢. أجيبوا عن الأسئلة الآتية:

أ. متى تغيرت رؤية إدريس للعالم؟ ولماذا؟

ب. لماذا اهتم إدريس بالوصف الدقيق للطبقات الاجتماعية في الريف؟

ج. ما الموضوعات التي ركز يوسف إدريس عليها في تناوله للفقراء في قصصه؟

د. كيف يختلف الاتجاه الأدبي والفكري السائد في مجموعته "أرخص ليالي" (١٩٥٤) عن ذلك الملحوظ في مجموعته "آخر الدنيا" (١٩٦١)؟

ه. لماذا أثَّر يوسف إدريس في المعاصرين له ومن تبعوه من كتّاب القصة القصيرة؟

ثالثاً: التوسع في بناء المفردات

١. صلوا بين الكلمة ومعناها:

التأميم	الإمضاء؛ وهو مثل كتابة الاسم في نهاية الرسالة أو الشيك لإعطائه صفة رسمية
الإصلاح الزراعي	إعلان مكتوب من جهة حكومية
استصلاح الأراضي	أمسك من قبل رجال الشرطة لسبب سياسي
بضعة	أن تأخذ الدولة ملكية الشركات والموارد
اعتقل	قانون صدر في مصر؛ بموجبه وبناء عليه أصبحت الأراضي الزراعية ملكًا للفلاحين بعد أن كانت في يد عدد قليل من الإقطاعيين.
توقيع	عاش في عصر
بيان	تغيرات
حريص على	المحتوى
الأزمة	أن تعالج الأرض الصحراوية بحيث تصبح صالحة للزراعة
عاصر	مهتم بـ
التخلص	المشكلة
تحولات	عدد قليل من
المضمون	الإبعاد

٢. هاتوا عكس الكلمات الآتية، واستخدموها في جمل من إنشائكم:

صارمة - اهتمام - مفتوح

٣. هاتوا جمع:

سجن - محرر - أنشودة - رؤية - سلطان - قيمة

٤. هاتوا مفرد:

مظاهر - غرباء - طبقات - بيئات - أوضاع

٥. صلوا كلمة من (أ) بما يناسبها من (ب)، لتكون عبارة ذات معنى، ثم استخدموا العبارة في جملة من إنشائكم:

أ. احتل - مكانة - باب - تسلسل - لبى - شخصيات - رؤية - مثار - بطل - إنسان - تأثير

ب. النداء - حاسم - متفردة - مكانة - حالم - مقهور - الجدل - موارب - مرموقة - منطقي - ثاقبة

٦. هاتوا عكس:

رفاق - يسار- تناقضات - تقدير

رابعاً: سؤال بحثي (في البيت)

كان ليوسف إدريس أنصار أيدوه وخصوم هاجموه. ومن نماذج كتابات الخصوم مقالة بعنوان "يوسف إدريس . . . عاشق المال والنجومية الذي كتب للسادات كُتبَه."

الرُّبى الرابط رقم (١): اقرأوا المقالة باتباع الرابط في موقع "الربى" ثم أجيبوا:

أ. ما الجوانب الخفية فى شخصية يوسف إدريس التي كشفت عنها هذه المقالة؟ وهل أثرت في نظرتك لهذا الكاتب؟

ب. أنت من أشد المعجبين بكتابات يوسف إدريس. اكتب/ ي ردًا أو تعليقًا على هذا المقال لنشره في المدونة التي كتب فيها مقاله.

الرُّبى الرابط رقم (٢): يمكنكم الإفادة من بعض المقالات التي تكرِّم يوسف إدريس، وتستطيعون أن تجدوها باتباع الرابط في موقع "الربى" أو بالبحث في موقع "مصرس" تحت كلمات: "يوسف إدريس رائد القصة القصيرة العظيم."

"بيت من لحم" ليوسف إدريس

المفردات

• **عمِي، يعمَى، العمى (ع م ي)**

عكس: أبصر أو رأى

to become blind

لا تنظر إلى قرص الشمس وقت الظهر وأعينك مفتوحة تمامًا فتعمى.

• **تسلَّل، يتسلل، التسلل (س ل ل)**

= خرج من غير أن يراه أحد

to sneak

تسلل اللص إلى داخل البيت والناس نيام.

• **أطفأ، يطفئ، الإطفاء (ط ف ء)**

عكس: أضاء أو أنار أو أشعل

to extinguish

مشى في الصحراء وقت الظهيرة فشعر بعطش لا يطفأ.

• **عَمّ، يعُمّ، العموم (ع م م)**

= غطّى وملأ

to pervade

عمَّ الفقر العالم بسبب التصحُّر والجفاف.

• **أرْمَلة، ج. أرامل (ر م ل)**

= من مات زوجها

widow

هذه أعظم أرملة جميلة رأيتها، فهي لا تريد الزواج على الرغم من مرور عشر سنوات على وفاة زوجها.

• **ممشوقة (م ش ق)**

= جسمها طويل رقيق

slender; slim; svelte

مرت الفتاة الجميلة ممشوقة القوام من أمام المقهى فالتفت الجالسون إليها إعجابًا.

• **فائرة (ف و ر)**

= جسمها ناضج

sexy; voluptuous

كثر خاطبو البنت بعد أن فار جسدها، وبدت عليها علامات الأنوثة.

• **حِداد (ح د د)**

= فترة الحزن على الميت

mourning

ظلت مرتدية الملابس السوداء بعد فراق زوجها حدادًا عليه.

• **كُتلة، ج. كُتل (ك ت ل)**

= القطعة المجتمعة من الشيء

chunk; lump

كان عليه أن يتبع نظاما غذائيًا صارمًا بعد أن زاد وزنه وأصبح مثل كتلة واحدة من اللحم.

- **متناسقة (ن س ق)**

= أجزاؤها وعناصرها منتظمة

coordinated; symmetrical; harmonious

أحب ذوقه العالي في اختيار ملابسه؛ فهي دائما متناسقة الألوان.

- **فَجْوة، ج. فَجَوات (ف ج و)**

= فراغ، مساحة فارغة

cavity; chasm; hole

ذهبت إلى طبيب الأسنان لأني أعاني من التسوُّس؛ فقام الطبيب بتنظيف أسناني وبحشو كل الفجوات فيها.

- **وسِع، يَسَع، السَّعة (و س ع)**

= ليس ضيقًا بل يستطيع أن يحتوي

to contain; to manage; to accommodate; to encompass

على الرغم من ضيق الشقة، فإن طريقة ترتيب الأثاث فيها جعلتها تسع كل ما تحتاجه الأسرة.

- **تناثر، يتناثر، التناثُر (ن ث ر)**

= تفرّق متباعدًا من غير نظام

to scatter; to strew; to disperse

دخلت العروس إلى الحفل في موكب مهيب، فتناثرت فوقها الورود والعملات الذهبية وعلت أصوات الزغاريد والطبول.

- **كوم، ج. أكوام (ك و م)**

= هو ما اجتمع من رمل أو حجارة أو قمح أو غير ذلك، بعضه فوق بعض

pile; heap

تعمل الحكومة المصرية على خلق قاهرة جديدة تخلو من الازدحام وأكوام القمامة.

- **مؤرِّقة (أ ر ق)**

= تسبب للإنسان الأرق؛ والأرق هو القلق في الليل وعدم القدرة على النوم

causes insomnia or lack of sleep

لم تستطع النوم بسبب نباح الكلاب وأصواتها المؤرقة.

- **خيّم، يخيِّم، التخييم (خ ي م)**

= سيطر وملأ أنحاء المكان، كأنه خيمة

to prevail

خيم الحزن وساد الصمت على الأبوين عندما جاءهما خبر وفاة ابنهما الوحيد في حادث سيارة.

- **عَروس (أو عِرس)، ج. عِرسان للمذكر وعرائس للمؤنث (ع ر س)**

(والشائع استخدام اللفظ العامي: عريس)

= مَن يتزوج حديثًا

bride; bridegroom

سافر العروسان بعد الحفل مباشرة إلى الساحل الشمالي بمصر لقضاء شهر العسل.

• **نال، ينال، النَّيل (ن ي ل)**

= حصل على

to get; to obtain

نال نجيب محفوظ جائزة نوبل وهو بهذا أول من حصل عليها من الأدباء العرب.

• **تِلاوة)ت ل و)**

= قراءة (وخصوصًا إذا كان بطريقة خاصة؛ كقراءة القرآن)

recitation (of the Quran)

يستعين المسلم على مصاعب الحياة التي تواجهه بالصلاة وتلاوة القرآن.

• **نَقر، ينقُر، النَّقر (ن ق ر)**

= دقّ دقات خفيفة على باب أو غير ذلك

to knock

نقر الطائر خشب شباكي وأحدث به ثقوبًا كثيرة.

• **حفل (بـ)، يحفل (ح ف ل)**

= اهتم (بـ)

to care about; to be concerned with

كان موقفها السلبي من الثورة سببًا في كراهية الناس لها، ولهذا لا يحفل بها أحد حين تكون في أي مكان بين الناس.

• **كنه (الشيء أو الإنسان) (ك ن هـ)**

= حقيقته وجوهره

essence; true nature

تجمع العلماء حول الكائن الفضائي الذي هبط إلى الأرض محاولين استكشافه لمعرفة كنهه.

لم أفهم كُنه موقفه منهم؛ فلست أعرف هل يحبهم حقًا أم يبادلهم الكراهية.

• **رنّان (ر ن ن)**

= له صوت قوي واضح

resonant; sounding

تعبنا من كلمات الخطب الحكومية الرنانة، ونريد أن نرى عملاً حقيقيًا يغير الواقع الاقتصادي والسياسي المهين الذي يعيشه أكثر من ٧٠ ٪ من الشعب.

• **أعزب (ع ز ب)**

عكس: متزوج

bachelor; single

لم يصدق الناس أنه بلغ الأربعين من عمره ولا يزال أعزب وليست له صديقة.

• **شارِب (ش ر ب)**

= الشعر بين الأنف والفم

mustache

يظن بعض الرجال أن الشارب علامة الرجولة؛ فيبالغون في إطلاق شواربهم الكبيرة.

- **نصيب (ن ص ب)**

= جزء مقسوم

luck; fate

لا أعرف من سيفوز الليلة؛ ولكن الجائزة ستذهب إلى صاحب النصيب.

- **أهوَن (هـ و ن)**

= أقل وأضعف وأسهل

easier

كان أهون على الأب أن يموت من أن يرى ابنه جائعًا وهو لا يجد وسيلة لإشباعه.

- **جَسَرَ (على)، يجسرُ، الجَسارة (ج س ر)**

= تشجع على

to dare

لم يجسروا على مخاطبتي بلهجة حادة بعد أن اشتكيتهم للمدير الذي لفت نظرهم إلى ضرورة احترام الزملاء في العمل.

- **دُهش، يَدهَش، الدَّهَش (د هـ ش)**

= فوجئ

to be astonished (passive)

دُهش المعلم لتفوق التلميذ في دراسته على الرغم من ظروفه الاجتماعية والصحية المتدنية.

- **مبلَّل (ب ل ل)**

= عليه قليل من الماء، عكس: جاف

moist; sweaty; wet

وقف لاهثًا يمسح وجهه المبلل بالعرق، فناولته كأس ماء بارد.

- **مشّط، يمشِّط، التمشيط (م ش ط)**

= استخدم المشط في تنظيم شعره

to comb

نظرت في المرآة معجبة بنفسها وجمالها وهي تتأمل شعرها الممشط المنسدل على ظهرها.

- **فانوس، ج. فوانيس (ف ن س)**

= مصباح محاط بالزجاج لحمايته من الهواء، يُحمل أو يُعلّق

lantern

يزين المسلمون الطرقات والمنازل بالفوانيس في شهر رمضان.

- **عشّش (طائر أو عنكبوت أو غيرهما)، يُعشِّش (ع ش ش)**

= صنع فيه عشًا أو بيتًا

to nest

عشش العصفور فوق الشجرة المقابلة لشباك حجرة نومي.

- **عنكبوت، عناكب (ع ن ك ب)**

= كائن يصنع بيتًامن نسيج رقيق

يصطاد به طعامه من الحشرات الصغيرة

spider

"إن أوهن البيوت بيت العنكبوت."

- **تجعيد، ج. تجعيدات، تجاعيد (ج ع د)**

= ما يظهر في جلد الوجه من خطوط بسبب التقدم في العمر

wrinkle

تعمل شركات التجميل العالمية على هزيمة الزمن باكتشاف مستحضرات تجميل تعمل على إزالة التجاعيد من وجه المرأة.

- **لمع، يلمع، اللمعان (ل م ع)**

= ظهر نوره قويًا

to shine

جلست فوق هضبة المقطم أتأمل النجوم اللامعة وهي تتلألأ في السماء الصافية.

- **تلألأ، يتلألأ، التلألؤ (ل ء ل ء)**

= خرجت منه أضواء في اتجاهات مختلفة كما تفعل اللؤلؤة في الشمس

to sparkle; to twinkle

دُهش المشاهدون من منظر النجمات المتلألئة في سماء الصحراء الصافية ليلاً.

- **تلاشى، يتلاشى، التلاشي (ل ش ي)**

= اختفى تدريجيًا

to disappear gradually

إذا لم يسرع العلماء في اكتشاف حلول للاحتباس الحراري فسرعان ما ستتلاشى أجزاء كبيرة من آسيا وأوربا وبعض أجزاء من الولايات المتحدة الأمريكية.

- **نكَّت، ينكت، التنكيت (ن ك ت)**

= قال أقوالاً مضحكة

to crack a joke

أحب الضحك والمرح ولكنني لا أحب أن أستمع إلى جاري وهو ينكّت؛ لأنه—بصراحة—ثقيل الظل ونكته باردة.

- **قلد، يُقَلِّد، التقليد (ق ل د)**

= تشبّه بغيره، وتصرَّف مثله

to imitate

الببغاء من الطيور التي يمكنها تقليد صوت الإنسان إذا علمناه بعض الكلمات أو الجمل.

- **مُتدفق (د ف ق)**

= يتحرك بسرعة مثل ماء النهر

flowing out; streaming; continuous; gushing

بنى المصريون السد العالي لحجز الماء المتدفق في زمن الفيضان، بغرض تخطيط الزراعة وتنظيمها وتوليد الكهرباء.

• **عوّض (شخصًا) عن، يُعَوِّض، التعويض (ع و ض)**

= أعطاه بديلاً

to compensate (someone) for

وجود محمد معها عوضها عن غياب ابنها المهاجر إلى أمريكا.

• **آبَ (إلى)، يئوب، الإياب (أ و ب)**

= رجَع

to return

من الأفضل أن أشتري تذكرة ذهاب وإياب لأنها أرخص من تذكرة الذهاب فقط.

• **جُن، يجُنّ، الجنون (ج ن ن)**

= أصبح مجنونًا وذهب عقله

to go mad or crazy

الحياة في المدينة بلا رفيق قد تكون جميلة وهادئة، ولكنني أظن أن الحياة على جزيرة جرداء بلا رفيق يمكن أن تجعل الإنسان يجن من الوحدة.

• **حاسة، ج. حواسّ (ح س س)**

= جمع حاسة، وهي الشعور كالسمع والبصر والشم

sense

يؤكد علماء النفس اللغوي أن استخدام أكبر عدد من الحواس عند تعلم اللغة يؤدي إلى نتائج أفضل.

• **جُرأة (ج ر ء)**

= شجاعة، عكس: جـُبن

boldness; nerve; courage

دخل المدرب بجرأة إلى قفص الأسد الشرس رافعًا عصاه في وجهه من غير خوف.

• **أطلق (على)، يُطلق، الإطلاق (ط ل ق)**

= أرسل بقوة

to fire at; to shoot

كان المتظاهرون يسيرون فى الشوارع يهتفون سلمية سلمية، وفوجئوا بقوات الأمن تطلق عليهم الرصاص والقنابل المسيلة للدموع.

• **فحيح (ف ح ح)**

= صوت الثعبان أو الأفعى

hissing

من أكره الأصوات إلى نفس الإنسان فحيح الأفعى ونهيق الحمار.

• **لُقْمة (ل ق م)**

= قطعة الخبز

bite (of bread); morsel

يعمل عم علي ليلَ نهارَ ساعيًا إلى توفير اللقمة الشريفة لأولاده.

• **تَأَمَّل، يتأمَّل (أ م ل)**

= نظر بتركيز واهتمام لوقت طويل

to contemplate; to speculate

التأمل اليومي في الأحداث وما يجرى من حولنا من أهم وسائل الاستفادة من الخبرات والانفتاح على طرق جديدة للحياة.

- **منهَك (ن هـ ك)**

= مُتعَب

worn out; exhausted

بعد يوم طويل من العمل والمشاكل خلعتُ حذائي وارتميت على الكرسي منهكًا.

- **مستهلَكة (هـ ل ك)**

= مستخدَمة لوقت طويل

consumed; wasted; worn out

غالبا ما يشتري الفقراء ملابس مستهلكة تخلص منها أصحابها الأغنياء.

- **خَشِنة (خ ش ن)**

عكس: ناعمة

coarse

أحرص على ارتداء قميص قطني ناعم تحت الملابس الخشنة في فصل الشتاء؛ لأن الملابس الصوفية الخشنة تسبب لي الحساسية الجلدية.

- **تَصَابَى، يتصابى، التصابي (ص ب ي)**

= تصرف مثل صبي أو فتى مراهق

to act as a teenager or a younger person

ثلاث لا يحبهم قلبي: العجوز المتصابي والذكي المتغابي والغني المُرابي.

- **شاخ، يشيخ، الشيخوخة (ش ي خ)**

= يصبح شيخًا، أي عجوزًا كبيرًا في السن

to become old; to age

إذا أردت ألا تصيبك الأمراض وألا تشيخ قبل الأوان؛ فعليك اتّباع نظام غذائي صحي؛ والحرص على شرب الماء بكثرة، والنوم ليلاً لساعات كافية.

تعبيرات وتراكيب

[لكل فولة كيال] (أو: [كل فولة ولها كيال])

مثَلٌ شعبي؛ أُخذ معناه الحرفي من مجال التجارة؛ فليس كل تاجر يكيل ويزن الأنواع الجيدة، بل كل تاجر يعمل في أنواع تناسبه. ويستخدم هذا التعبير في سياق المقارنة بين الأشخاص، وتحديد مدى التكافؤ بينهم، خصوصًا حين نتكلم عن عريس يختار عروسًا.

- ليس غريبًا أن يدفع لها كل هذا المهر؛ فإنها تستحقه بل تستحق أكثر، وكل فولة ولها كيال.

لاذ بالصمت

= لم يتكلم، أو سكت

- لاذ الرجل بالصمت ولم ينطق بكلمة إزاء اتهامات صاحب العمل الباطلة له، خوفًا من أن يفلت لسانه بعبارات الغضب فيفقد وظيفته.

طول البال

= الصبر

البال هو الذهن والخاطر. نقول: بطول البال والعمل والصبر ينال المرء ما يريد. ونقول: الأم مشغولة البال على أولادها الغائبين. ونقول "جرى على باله" أي: تذكر أو توقع. ونقول "يشعر براحة البال" أي: طمأنينة النفس.

[لكل بنت عدَلها]

تعبير بالعامية يقال في سياق الخطبة والزواج، ليشير إلى أن كل بنت لها عريس مناسب سيأتي في يوم ما. فكلمة العَدَل مأخوذة عن الكلمة الفصيحة (العِدل) أي: النظير والمماثل.

- يظن الكثيرون أن الفتيات المصريات مازلن يتنظرن عدلهن و فارس أحلامهن بعد التخرج مباشرة كأنهن مازلن يعشن في العصور البائدة .

ليس على الأعمى حرج

تعبير مأخوذ من آية قرآنية، وفيه دعوة إلى التسامح مع الأعمى نظرًا لظروفه الصحية. وبالطبع قد يستخدم بطريقة ساخرة مع المبصر المخطئ.

- إذا داس على قدمك كفيف في زحام الطريق فلا تغضب لأنه ليس على الأعمى حرج.

تدريبات على مفردات "بيت من لحم"[19]

١. صلوا الكلمة بعكسها:

	الكلمة	العكس
أ.	متناسق	أمسك
ب.	عَمّ	تجمّع
ت.	وسِع	جُبن
ث.	تناثَر	شرف
ج.	نال	خصّ
ح.	أعزب	ضاق
خ.	عار	عَقِل
د.	جُنَّ	فَقَد
ذ.	أطلق	متزوج
ر.	جُرأة	متنافر
ز.	خشن	ناعم

٢. ضعوا دائرة حول الكلمة الغريبة (من حيث المعنى أو المجال) في كل مجموعة:

أ. أرملة – تلاوة – حِداد – وفاة

ب. أرملة – عرسان – لقمة – أعزب

ج. تسلل – تصابى – شاخ – تجعيد

د. دُهش – تلألأ – لمع – أطفأ

ه. رنّان – خيَّم – فحيح – نقر

و. حَرَج – شارب – ممشط – خشن

١٩ صححوا إجاباتكم من على الموقع الإلكتروني للكتاب.

ز. حاسة – شعور – كتلة – عمَى

ح. ممشوقة – مؤرقة – فائرة – متناسقة

ط. تدفق – بلّل – أمطر – نال

٣. اكتبوا المفرد أو الجمع :

المفرد	الجمع
....	أرامل
....	كُتَل
فجوة	....
كوم	....
....	عرسان
....	شوارب
....	فوانيس
....	عناكب
....	حواسّ

٤. اكتبوا كلمات على وزن ما يأتي، وحددوا معناها:

الكلمة	كلمة مماثلة في الوزن	معنى الكلمة المماثلة
تسلل		
ممشوقة		

تناثر		
مؤرِّقة		
مبلَّل		
عَمَّ		
نكَّت		
متدفق		
فحيح		
تصابى		

٥. أكملوا الجمل الآتية بفعل مناسب مما درستم:

أ. .... السارق في الظلام حتى لا يراه أحد.

ب. بعد قليل أعدّت البنت العشاء و................ الأنوار وأشعلت الشمعدان الذي جلبته معها.

ج. نأمل أن .... القارة الإفريقية السلام ولا تهددها حروب أخرى.

د. عرف العلماء أن الطائر النقار الذي .... الخشب يعيش طويلا.

ه. لم يكن القيصر بوريس الثاني .... أو يهتم بأجواء الأزمة الخانقة التي قد تعصف بروسيا.

و. بعبارة أخرى فإن من .... على التفكير المختلف يُحَلّ دمه داخل القبيلة.

ز. إنني .... كثيرًا لما يجده الباحث من صعوبة للوصول إلى معلومات دقيقة.

ح. توقع رجال الأرصاد أن .... السحابة السوداء التي خيمت على العاصمة خلال اليومين القادمين.

ط. يسعد الرجل كثيرًا إذا ابتسمت المرأة أو .... بالصمت أو احمر وجهها، ويقلق حين تبدأ في النقاش الجاد.

٦. أكملوا الجمل الآتية بكلمة مناسبة مما بين الأقواس:

(فانوس – عنكبوت – تدفق – القمة – أرملة – فائر – كتلة – فجوة – أكوام – مؤرقة – تلاوة)

أ. مات زوجها فأصبحت .... في ريعان شبابها.

ب. تتعرض البنت ذات الجسم الـ............. لمشاكل تحرش جنسي عديدة.

ج. لقد تسبب حريق القش في إظهار .... سوداء من الدخان في سماء مصر كلها.

د. دائماً أشعر بأنني وحيدة وبأن هناك .... كبيرة بيني وبين من حولي.

ه. تقرر مؤخرًا إلغاء شركة النظافة بعد أن تكدست .... القمامة.

و. كانت المشكلة الـ............. للأمين العام هي ازدواجية المعايير التي ينتهجها المجتمع الدولي في اتخاذ قراراته.

ز. الـ............. الصحيحة للقرآن تكون بالقراءة المتتابعة الواضحة في مخارج حروفها.

ح. زينة رمضان والهلال والـ............. من العادات الرمضانية الجميلة الموروثة حتى الآن.

ط. أنثى الـ............. تأكل الذكر بعد التزاوج. هذا أحسن بالتأكيد!

ي. إن الأوعية الدموية الجديدة ساعدت بنجاح على .... الدماء في شرايين فئران التجارب.

ك. اللعنة على الوطن الذي لا يطمئن فيه إلا الجبناء، الذين يغمسون الـ............. بالذل والهوان.

٧. اكتبوا صفة مناسبة بدلاً مما تحته خط:

أ. لابد لعارضة الأزياء أن تكون ممشوقة القوام.

ب. يحاول أطباء السمنة الوصول إلى علاج للأجسام الفائرة بدون جدوى.

ج. حضر الحفل في ثياب جميلة متناسقة تدل على ذوق رفيع.

د. وبعيدًا عن الأمور المؤرقة التي تواجهنا يوميًا اصطحبني في سهرة رائعة حقًّا.

ه. لقد وهبها الله صوتًا ذا طابع أوبرالي رنان يصل إلى القلوب بسهولة.

و. استيقظ الفتى من نومه مبكرًا فرأى الأشجار مبللة بالندى كأن السماء كانت تمطر في الليل.

ز. كانت حين تخرج من البيت ترمي بشعرها الممشط على ظهرها.

ح. قالوا عن الممثلة المصرية نبيلة عبيد إنها امرأة متدفقة الأنوثة.

ط. كانت الأم في ذلك اليوم منهكة بسبب إعدادها شقة ابنتها العروس الصغيرة.

ي. إسرائيل تحاول تسوية الموقف العربي من خلال قضايا مستهلكة في الخطاب السياسي الإسرائيلي، مثل مخاوفها الاستراتيجية، والمخاطر المزعومة.

ك. شهدت الملاعب السعودية في هذا الموسم ألعابًا خشنة لم يكن لها مثيل، ذهب ضحيتها عدد من اللاعبين.

٨. أكملوا النصف الآخر من الجمل الآتية:

أ. وعد القائد والرئيس أن يَعْبر بشعبه الألفية الثالثة و...............

ب. تناثرت مؤخرًا الشائعات عن قانون المرور الجديد ....

ج. خيَّم الحزن والأسى في فلسطين بعد رحيل الزعيم ياسر عرفات ....

د. لم أعرف كنه الحب حتى عرفت تلك البنت، على الرغم من أنها كانت أصغر مني بسَبع سنوات ....

هـ. الأعزب لا يتمنى الموت أبدًا و المتزوج يتمنى الموت بعد سنوات زواجه ...
....

و. إن الموت أهون على النفس من الحياة ....

ز. أبدى وزير الداخلية دهشته الشديدة حين ذكر له الصحفيون عدد المعتقلين في السجون وأنكر صحة هذا العدد ....

ح. إن تلاشي الحواجز الجغرافية وانكماش المسافات بين القارات جعلا ......
....

ط. أقسم الرئيس المصري في بداية عهده على أن يعوض شعب مصر عن كل ما عاناه في الماضي ....

ي. كانت الأخت الصغرى أكثر جرأة وشجاعة من أختها الكبرى التي تُؤْثر السير بجانب الحائط دائما ....

ك. أوقفها ونظر إليها يتأملها ممسكًا بكتفيها بلا خوف أو خجل ....

ل. أوربا العجوز تتصابى، محاولة استعادة شبابها، وتجديد رأسماليتها ودورها السياسي، من خلال الطريق الثالث والعملة الموحدة و..............

م. كانت الفتاةَ الوحيدة وسط كل هؤلاء الرجال، و شعرت بالحرج الشديد حين ....

قصة "بيت من لحم" ليوسف إدريس

أولاً: تمهيد لقراءة النص

ناقشوا قضية العنوسة من خلال الأسئلة الآتية:

١. ماذا تعرفون عن مشكلة العنوسة في العالم العربي؟

٢. تفشت ظاهرة العزوبة عند الشباب والعنوسة عند الفتيات؛ فما أسباب هذه الأزمة؟

٣. الرُّبى الرابط رقم (١): اقرأوا مقالة بعنوان "ضحايا العنوسة . . . فاتهم القطار وبانتظار القاطرة." ثم ناقشوا مع زملائكم ما عرفتم عن قضية العنوسة في العالم العربي؟

٤. الرُّبى الرابط رقم (٢): ابحثوا على الإنترنت عن "أسباب مشكلة العنوسة" وبعض الحلول المطروحة لحلها، ثم قدموا تقريرًا تناقشون فيه هذا الموضوع، ذاكرين أسبابه وكيف أسهمت في تفاقمه السينما والعمارة والمجتمع، مقترحين حلولاً للحدّ من تلك المشكلة.

ثانيًا: القراءة الأولى

١- قبل القراءة شاهدو فيلم "بيت من لحم" على YouTube ثم اكتبوا ملخصًا للقصة لا يزيد عن عشرة أسطر.

اقرأوا قصة "بيت من لحم" ثم أجيبوا عما يأتي:

١. قارن بين ملخص الفيلم والقصة الأصلية. أيهما أثر فيك أكثر و لماذا ؟

٢. اختاروا الإجابة الصحيحة:

القصة تتحدث عن مشكلة:

أ. الفقر في المجتمع المصري.

ب. الفتاة المتواضعة جمالاً ومالاً.

ت. حياة أرملة وطمع الناس فيها بعد وفاة زوجها.

٣. اقرأوا ثم ضعوا علامة (✓) أمام العبارات الصحيحة، مستدلين على إجاباتكم من القصة، أو ضعوا علامة (×) أمام العبارات غير الصحيحة، مبينين الصواب:

أ. تبدأ القصة في غرفة فقيرة مظلمة. ( )

ب. يقدم لنا يوسف إدريس بطلات قصته كلهن في الفقرة الأولى من القصة. ( )

ج. الأم في منتصف العمر. ( )

د. الأم جميلة وبناتها قبيحات. ( )

ه. البنات ورثن القبح والسمنة عن الأب. ( )

و. المرأة تعمل غسالة في النهار. ( )

ز. منذ مات الأب لم يزر بيت الأرملة إلا المقرئ. ( )

ح. توقف المقرئ عن الحضور إلى بيت الأرملة بعد انتهاء عقده. ( )

ط. البنات وأمهن يتحرقن للحصول على رجل. ( )

ي. تزوجت الأم من المقرئ. ( )

ك. البنت الكبرى هي التي نامت مع المقرئ أول مرة. ( )

ل. غضبت الأم من بناتها لأنهن خدعن الأعمى ونمن معه. ( )

م. كان الأعمى أعمى البصيرة والبصر. ( )

ن. لم يكن للمقرئ أية شكوك في أن من بجانبه ليست زوجته. ( )

س. بدأت القصة بالجوع وانتهت بالشبع. ( )

بيت من لحم[20]

الخاتم بجوار المصباح، الصمت، الصمت يحل فتعمى الآذان، في الصمت تتسلل الأصبع، يضع الخاتم. في صمت أيضًا يطفأ المصباح، والظلام يعم، في الظلام أيضًا تعمى العيون، الأرملة وبناتها الثلاث، والبيت حجرة والبداية صمت. الأرملة طويلة بيضاء ممشوقة، في الخامسة والثلاثين، بناتها أيضًا طويلات فائرات، لا يخلعن الثوب الكاسي الأسود بحداد أو بغير حداد، صغراهن في السادسة عشرة وكبراهن في العشرين، قبيحات ورثن جسد الأب الأسمر المليء بالكتل غير المتناسقة والفجوات، وبالكاد أخذن من الأم العود.

الحجرة، رغم ضيقها تسعهن في النهار، رغم فقرها الشديد مرتبة أنيقة، يشيع فيها جو البيت وتحفل بلمسات الإناث الأربع، في الليل تتناثر أجسادهن كأكوام كبيرة من لحم دافئ حي، بعضها فوق الفراش، وبعضها حوله، تتصاعد منها الأنفاس حارة مؤرقة، أحيانًا عميقة الشهيق. الصمت خيم منذ مات الرجل، والرجل مات من عامين بعد مرض طويل، انتهى الحزن وبقيت عادات الحزانى وأبرزها الصمت، صمت طويل لا يفرغ، إذ كان في الحقيقة صمت انتظار، فالبنات كبرن والترقب طال والعرسان لا يجيئون ومن المجنون الذي يدق باب الفقيرات القبيحات، وبالذات إذا كن يتامى. ولكن الأمل بالطبع موجود، فلكل فولة كيال، ولكل بنت عدلها، فإذا كان الفقر هناك، فهناك دائماً من هو أفقر، وإذا كان القبح هناك، فهناك دائماً الأقبح، والأماني تُنال أحيانًا بطول البال.

صمت لم يكن يقطعه إلا صوت التلاوة، يتصاعد في روتين لا جدة فيه ولا انفعال، والتلاوة لقارئ، والقارئ كفيف، والقراءة على روح المرحوم وميعادها لا يتغير، عصر الجمعة يجيء بعصاه ينقر الباب، ولليد الممدودة يستسلم، وعلى الحصير يتربع، وحين ينتهي يتحسس الصندل، ويلقي بتحية لا يحفل أحد بردها، ويمضي، بالتعود يجيء، بالتعود يقرأ، بالعادة يمضي، حتى لم يعد يشعر به أو ينتبه إليه أحد. دائم هو الصمت، حتى وتلاوة عصر الجمعة تقطعه أصبحت وكأنها قطع الصمت بصمت، دائم هو كالانتظار، كالأمل، أمل قليل ولكنه دائم، فهو أمل في الأقل، دائما هناك لكل قليل أقل، وهن لا يتطلعن لأي أكثر، أبدًا لا يتطلعن.

[20] ضمن المجموعة القصصية "بيت من لحم،" يوسف إدريس، ط ١، ١٩٧١م.

يدوم الصمت حتى يحدث شيء، يجيء عصر الجمعة ولا يجيء القارئ، فلأي اتفاق مهما طال نهاية، وقد انتهى الاتفاق. وتدرك الأرملة وبناتها الآن فقط كنه ما تقدم، ليس فقط الصوت الوحيد الذي كان يقطع الصمت، ولكن أيضًا الرجل الوحيد الذي كان ولو في الأسبوع مرة يدق الباب، بل أشياء أخرى يدركن، فقير مثلهن هذا صحيح، ولكن ملابسه أبدًا نظيفة، وصندله دائما مطلي، وعمامته ملفوفة بدقة يعجز عنها المبصرون، وصوته قوي عميق رنان. والاقتراح يبدأ لماذا لا يجدد الاتفاق ومنذ الآن؟ ولماذا لا يرسل في طلبه هذه اللحظة؟ مشغول، فليكن الانتظار، ليس بالجديد، وقرب المغرب يأتي، ويقرأ وكأنه أول مرة يقرأ، والاقتراح ينشأ، لماذا لا تتزوج إحدانا رجلاً يملأ علينا بصوته الدار؟ هو أعزب لم يدخل دنيا، وله شارب أخضر، ولكنه شاب وبالكلام يجر الكلام، ها هو الآخر يبحث عن بنت الحلال.

البنات يقترحن والأم تنظر في وجوههن لتحدد من تكون صاحبة النصيب والاقتراح، ولكن الوجوه تزور مقترحة—فقط مقترحة—قائلة بغير كلام: أنصوم ونفطر على أعمى؟ هن ما زلن يحلمن بالعرسان، والعرسان عادة مبصرون. مسكينات لم يعرفن بعد عالم الرجال، ومحال أن يفهمن أن الرجل ليس بعينيه.

- تزوجيه أنت يا أماه، تزوجيه.

- أنا؟ يا عيب الشوم! والناس؟

- يقولون ما يقولون، قولهم أهون من بيت خال من رنين صوت الرجال.

- أتزوج قبلكن؟ مستحيل.

- أليس الأفضل أن تتزوجي قبلنا، ليعرف بيتنا قدم الرجال فنتزوج بعدك؟ تزوجيه، تزوجيه يا أماه.

وتزوجته، زاد عدد الأنفس واحدًا، وزاد الرزق قليلاً، ونشأت مشكلة أكبر. الليلة الأولى انقضت وهما في فراشهما، هذا صحيح، ولكنهما حتى لم يجسرا على الاقتراب، ولو صدفة، فالبنات الثلاث نائمات، ولكن من كل منهن ينصب زوج من الكشافات المصوبة بدقة إلى المسافة الكائنة بينهما، كشافات عيون، وكشافات آذان، وكشافات إحساس، البنات كبيرات، عارفات ومدركات، والحجرة كأنما تحولت بوجودهن الصاحي إلى ضوء نهار، ولكن بالنهار لم تعد ثَمَّة حجة، وواحدة وراء الأخرى تسللن ولم يعدن، إلا قرب الغروب، مترددات خجلات يقدمن رِجلاً ويؤخرن رِجلاً، حتى يزددن قربًا، وحينذاك يدهشهن، يربكهن، يجعلهن يسرعن ضاحكات، قهقهات

رجل تتخللها سخسخات امرأة، أمهن لا بد تضحك، الرجل الذي ما سمعنه إلا مؤدبًا خاشعًا، ها هو ذا يضحك، بالأحضان قابلتهن ولا تزال تضحك، رأسها عار وشعرها مبلل ممشط ولا تزال تضحك، وجهها ذلك الذي أدركن للتو أنه كان مجرد فانوس مطفأ عشش فيه العنكبوت والتجعيدات، فجأة أنار . . . ها هو ذا أمامهن كلمبة الكهرباء مضيء ها هي ذي عيونها تلمع وقد ظهرت وبانت وتلألأت بالدمع الضاحك، تلك التي كانت مستكنة في قاع المهجر. الصمت تلاشى واختفى تمامًا، على

العشاء وقبل العشاء وبعد العشاء نكت تترى وأحاديث غنَّاء، صوته حلو وهو يغني ويقلد أم كلثوم وعبد الوهاب، صوت عال أجش بالسعادة يلعلع. خيرًا فعلتِ يا أماه، وغدًا تجذب الضحكات الرجال، فالرجال طُعم الرجال، نعم يا بنات، غدًا يجيء الرجال ويهل العرسان، ولكن الحق أن ما أصبح يشغلها ليس الرجال أو العرسان ولكنه ذلك الشاب. كفيف فليكن، فما أكثر ما نعمى عن رؤية الناس لمجرد أنهم عميان، هذا الشاب القوي المتدفق قوة وصحة وحياة، ذلك الذي عوضها عن سنين المرض والعجز والكبر بغير أوان.

الصمت تلاشى وكأن إلى غير رجعة، ضجيج الحياة دب، الزوج زوجها وحلالها وعلى سنة الله ورسوله، فماذا يعيب؟ وكل ما تفعله جائز، حتى وهي لم تعد تحفل بالمواربة أو بكتمان الأسرار، حتى والليل يجيء وهم جميعًا معًا، فيطلق العقال للأرواح والأجساد، حتى والبنات مبعثرات متباعدات يفهمن ويدركن وتتهدج منهن الأنفاس والأصوات، مسمرات في مراقدهن يحبسن الحركة والسعال، تظهر الآهات فجأة فتكتمها الآهات، كان نهارها 'غسيل' في بيوت الأغنياء، ونهاره قراءة في بيوت الفقراء، ولم يكن من عادته أول الأمر أن يئوب إلى الحجرة ظهرًا، ولكن لما الليل عليه طال والسهر أصبح يمتد، بدأ يئوب ساعة الظهر يريح جسده ساعة من عناء ليل ولّى، واستعدادًا لليل قادم، وذات مرة بعد ما شبعا من الليل وشبع الليل منهما، سألها فجأة عما كان بها ساعة الظهر، ولماذا هي منطلقة تتكلم الآن ومعتصمة بالصمت التام ساعتها؟ ولماذا تضع الخاتم العزيز عليه الآن؟ إذ هو كل ما كلفه الزواج من دبلة ومهر وشبكة وهدايا، ولماذا لم تكن تضعه ساعتها؟

كان ممكنًا أن تنتفض هالعة واقفة صارخة، كان ممكنًا أن تجن، كان ممكنًا أن يقتله أحد، فليس لما يقوله إلا معنى واحد، ما أغربه وأبشعه من معنى، ولكن غصة خانقة حبست كل هذا وحبست معه أنفاسها، سكتت بآذانها التي حولتها إلى أنوف وحواس، وعيون، راحت تتسمع، وهمها الأول أن تعرف الفاعلة. إنها متأكدة لأمر ما أنها الوسطى، إن في عينيها جرأة لا يقتلها الرصاص إذا أطلق، ولكنها تتسمع الأنفاس

الثلاثة تتعالى عميقة حارة، كأنها محمومة ساخنة بالصبا تجأر، تتردد، تنقطع، أحلام حرام تقطعها أنفاس باضطرابها تتحول إلى فحيح، فحيح كالصهد الذي تنفثه أراض عطشى، والغصة تزداد عمقًا واحتباسًا، إنها أنفاس جائعات لا تسمع، بكل شحذها لحواسها لا تستطيع أن تفرق بين كومة لحم حي ساخنة متكومة وكومة أخرى، كلها جائعة، كلها تصرخ وتئن، وأنينها يتنفس ليس أنفاسًا، ربما استغاثات، ربما رجوات، ربما ما هو أكثر.

غرقت في حلالها الثاني ونسيت حلالها الأول، بناتها، والصبر أصبح علقما، وحتى سراب العرسان لم يعد يظهر، فجأة ملسوعة ها هي ذي كمن استيقظ مرعوباً على نداء خفي، البنات جائعات، الطعام حرام صحيح ولكن الجوع أحرم، أبدًا ليس مثل الجوع حرام، إنها تعرفه، عرفها وييبس روحها ومص عظامها، وتعرفه وشبعت ما شبعت، مستحيل أن تنسى مذاقه، جائعات وهي التي كانت تخرج اللقمة من فمها لتطعمهن، هي التي كان همها حتى لو جاعت أن تطعمهن، هي الأم، أنسيت؟ وألح مهما ألح، تحولت الغصة إلى صمت، الأم صمتت، ومن لحظتها لم يغادرها الصمت.

وعلى الإفطار كانت، كما قدرت تمامًا، الوسطى صامتة وعلى الدوام صامتة، والعشاء يجيء، والشاب سعيدًا وكفيفًا ومستمعًا ينكت لا يزال، ويغني ويضحك ولا يشاركه إلا الصغرى والكبرى فقط، ويطول الصبر ويتحول علقمه إلى مرض، ولا أحد يطل وتتأمل الكبرى ذات يوم خاتم أمها في إصبعها وتبدي الإعجاب به، ويدق قلب الأم دقاته وهي تطلب منها أن تضعه ليوم، لمجرد يوم واحد لا غير، وفي صمت تسحبه من إصبعها، وفي صمت تضعه الكبرى في إصبعها المقابل، وعلى العشاء التالي تصمت الكبرى وتأبى النطق، والكفيف الشاب يصخب ويغني ويضحك، والصغرى فقط تشاركه ولكن الصغرى تصبح بالصبر والهم وقلة البخت أكبر، وتبدأ تسأل عن دورها في لعبة الخاتم، وفي صمت تنال الدور والخاتم بجوار المصباح، الصمت يحل فتعمى الآذان، وفي الصمت تتسلل الإصبع صاحبة الدور وتضع الخاتم في صمت أيضًا، ويطفأ المصباح والظلام يعم، وفي الظلام تعمي العيون، ولا يبقى صاخبًا منكتًا مغنيًا، إلا الكفيف الشاب.

فوراء صخبه وضجته تكمن رغبة تكاد تجعله يثور على الصمت وينهال عليه تكسيرًا، إنه هو الآخر يريد أن يعرف، عن يقين يعرف، كان أول الأمر يقول لنفسه إنها طبيعة المرأة التي تأبى البقاء على حال واحدة، فهي طازجة صابحة كقطر الندى مرة، ومنهكة مستهلكة كماء البرك مرة أخرى، ناعمة كملمس ورق الورد مرة، خشنة كنبات الصبار مرة أخرى.

الخاتم دائم وموجود صحيح، ولكن الإصبع التي تطبق عليه كل مرة تختلف، إنه يكاد يعرف، وهن بالتأكيد كلهن يعرفن، فلماذا لا يتكلم الصمت؟ لماذا لا ينطق؟

ولكن السؤال يباغته ذات عشاء، ماذا لو نطق الصمت؟ ماذا لو تكلم؟ مجرد التساؤل أوقف اللقمة في حلقه، ومن لحظتها لاذ بالصمت تمامًا وأبى أن يغادره، بل هو الذي أصبح خائفًا أن يحدث المكروه مرة ويخدش الصمت، ربما كلمة واحدة تفلت فينهار لها بناء الصمت كله، والويل له لو انهار بناء الصمت، الصمت المختلف الغريب الذي أصبح يلوذ به الكل، الصمت الإرادي هذه المرة، لا الفقر، لا القبح، لا الصبر، ولا اليأس سببه، إنما هو أعمق أنواع الصمت، فهذا الصمت المتفق عليه أقوى أنواع الاتفاق، ذلك الذي يتم بلا أي اتفاق.

الأرملة وبناتها الثلاث، والبيت حجرة، والصمت الجديد، والقارئ الكفيف الذي جاء معه بذلك الصمت.

وبالصمت راح يؤكد لنفسه أن شريكته في الفراش على الدوام هي زوجته وحلاله وزلاله وحاملة خاتمه، تتصابى مرة أو تشيخ، تنعم أو تخشن، ترفع أو تسمن، هذا شأنها وحدها، بل هذا شأن المبصرين ومسئوليتهم وحدهم، هم الذين يملكون نعمة اليقين، إذ هم القادرون على التمييز، وأقصى ما يستطيعه هو أن يشك، شك لا يمكن أن يصبح يقينًا إلا بنعمة البصر، وما دام محرومًا منه فسيظل محرومًا من اليقين، إذ هو الأعمى، وليس على الأعمى حرج، أم على الأعمى حرج؟

ثالثًا: القراءة الثانية

أجيبوا عن الأسئلة الآتية:

١. في القصة مشاهد متعددة يكون البطل فيها هو الصمت. اذكروا ثلاثة من هذه المشاهد.

٢. ما الأشياء التي ورثتها البنات من الأب؟ وما الأشياء التي ورثنها من الأم؟

٣. "لكل فولة كيال." ما معنى هذا المثل العربي في السياق الذي ورد فيه؟ وما علاقته بالأمل؟

٤. "عَدَل": حاولوا أن تفهموا المعنى والمدلول الثقافي لهذه الكلمة من السياق.

٥. صفوا الحالة النفسية للأم قبل زواجها من المقرئ الكفيف وبعد زواجها منه، مؤيدين وصفكم من النص.

٦. "كان ممكنًا أن تجن . . . فليس لما يقوله إلا معنى واحد، ما أغربه وأبشعه من معنى . . . " لماذا كادت الأم تجن؟ وما هو هذا المعنى الواحد؟

٧. "لا تستطيع أن تفرق بين كومة لحم حي ساخنة متكومة وكومة أخرى، كلها جائعة، كلها تصرخ وتئن . . . وربما هو أكثر."

أ. ما "كومة اللحم" التي يشير إليها الكاتب في هذه العبارة؟

ب. ما "الجوع" الذي يشير إليه الكاتب في هذه العبارة وفي الفقرة التالية التي تبدأ بـ "البنات جائعات . . . الصمت"؟

٨. "غرقت في حلالها الثاني ونسيت حلالها الأول." من الحلال الثاني ومن الحلال الأول؟

٩. "البنات جائعات، الطعام حرام صحيح لكن الجوع أحرم."

أ. كيف يمكن أن يكون الطعام حرامًا؟

ب. اشرحوا وناقشوا فكرة "الحلال والحرام" التي يتكلم عنها يوسف إدريس في هذه القصة.

١٠. يشير الكاتب إلى "لعبة الخاتم،" ما تلك اللعبة كما فهمتم من النص؟

١١. "يلعب الصمت في أول القصة دورًا يختلف عن الدور الذي يلعبه في نهاية القصة." اشرحوا هذه العبارة مؤيدين رأيكم من الأحداث.

١٢. يتطرق يوسف إدريس إلى فكرة غياب "اليقين" في مسألة المسئولية الأخلاقية عند الرجل والمرأة. ناقشوا هذا مستشهدين من النص.

١٣. ينهي يوسف إدريس قصته بعبارة "ليس على الأعمى حرج، أم على الأعمى حرج؟"

أ. هل أعجبتكم هذه النهاية؟

ب. لماذا جعل بطل القصة أعمى؟

ج. مَن الأعمى الحقيقي في رأيكم؟ وما العمى الذي يتحدث عنه؟

١٤. الآن وقد قرأتم القصة كاملة، شاهدوا فيلم "بيت من لحم" على الـYouTube مرة أخرى، وقارنوا بينه وبين النص المكتوب، بالإجابة عما يأتي:

أ. أيهما أعجبكم أكثر؟ ولماذا؟

ب. هل ساعدتكم المشاهدة على فهم القصة؟ كيف؟

ج. هل عبرّ الفيلم عن القصة وعن الأفكار التي أراد يوسف إدريس أن ينقلها لنا؟

١٥. الرُّبى الرابط رقم (٤): اتبعوا الرابط في موقع "الربّى" واقرأوا مقالاً بعنوان "قصاصو العرب للعانس: اذهبي للجحيم!!" هذا المقال يتحدث عن رؤية قصاصي العرب للعانس، وصورتها في رواياتهم، وكيف أدت هذه الصورة إلى تفاقم مشكلة العانس في المجتمع العربي. من خلال دراستكم لقصة "بيت من لحم" ليوسف إدريس، هل جملة "اذهبي للجحيم" هي الرسالة التي يعلنها يوسف إدريس في قصته؟ وهل رسالته تتفق مع تحليل الكاتب في المقالة؟

رابعًا: القراءة الثالثة

١. يعتمد يوسف إدريس على رسم المشهد من خلال استخدام الفعل المضارع والجمل الاسمية القصيرة. استخرجوا خمسًا من الجمل التي توضح ذلك.

٢. تتبعوا الثنائيات الآتية في القصة، ولاحظوا تغير دلالاتها الفنية مع تصاعد الأحداث:

أ. الخاتم والإصبع

ب. الصمت والصوت

ج. النهار والليل

د. العمى والبصر

٣. استخرجوا التراكيب العامية الجاهزة التي يستخدمها يوسف إدريس، وحللوا أهميتها الفنية.

٤. قارنوا بين كل جملتين مما يأتي، ثم اذكروا ملاحظاتكم على أسلوب يوسف إدريس من خلالها:

أ. الصمت خيم منذ مات الرجل، والرجل مات من عامين.

الصمت خيم منذ مات الرجل أي منذ عامين.

ب. بقيت عادات الحزانى، وأبرزها الصمت، صمت طويل لا يفرغ.

بقيت عادات الحزانى، وأبرزها الصمت الطويل الذي لا يفرغ.

ج. التلاوة لقارئ، والقارئ كفيف، والقراءة على روح المرحوم.

التلاوة لقارئ كفيف على روح المرحوم.

٥. للجسد حضور قوي في هذه القصة. ما مظاهر ذلك؟

٦. اكتبوا التعبيرات والعبارات التي استخدمها الكاتب في القصة للتعبير عن المعاني الآتية، وحددوا: أيها أجمل؟ ولماذا؟

أ. الآذان لا تسمع أي شيء.

ب. تتحرك الإصبع

ج. طويلة ومتناسقة

د. البنات ظهرت عليهن علامات الأنوثة.

ﻫ. الأب سمين.

و. كل سلعة، مهما كانت غير مهمة، هناك مَن يريد شراءها؛ لأنها جميلة في عينيه.

ز. الصبر مفتاح الفرج.

ح. البنات لم يكنَّ يطمعن في الكثير.

ط. لم يتزوج قبل ذلك

ي. يريد أن يتزوج

ك. لم يُقم الشيخ علاقة مع زوجته في أول ليلة لوجود البنات معهن في غرفة النوم.

ل. وجه الأم قبل زواجها الثاني كان عبوسًا دائما لا يضحك.

م. البنات يترددن في الرجوع إلى المنزل قرب الغروب.

ن. الأم سعيدة ووجهها يضحك.

س. الابنة الوسطى لا تخاف شيئًا.

خامسًا: نشاط كتابة

"عمَد يوسف إدريس إلى التكثيف والتركيز في قصصه القصيرة حتى كان يقول عن تعمده هذا المنحى: 'إن الهدف الذي أسعى إليه هو أن أكثف في خمس وأربعين كلمة—أي في جملة واحدة تقريبًا—الكمية القصوى الممكنة من الإحساس، باستخدام أقل عدد ممكن من الكلمات.' وعليه فقد كان يوسف إدريس يعتبر الإيجاز في القصة القصيرة من أهم الخصائص الأسلوبية التي على الكاتب أن يناضل من أجل تحقيقها، وفي ذلك يقول: 'فالقصة القصيرة أكثر الأشكال الأدبية إيجازًا، فعبارة "أهلا حمادة" تشبه القنبلة الذرية في صغرها وفعاليتها ومع ذلك فهذه القنبلة يمكن تصنيعها—فقط—على أيدي أناس ذوي موهبة.'"[21]

إلى أي مدى تحقق هذا الزعم في قصة بيت من لحم؟ اكتبوا مقالاً قصيرًا تناقشون فيه هذه المقولة، مؤيدين أو معارضين ما جاء بها، مع الاستدلال بالنص.

---

٢١ "يوسف إدريس ملك القصة القصيرة":
http / /:www.aklaam.net /forum /showthread.php?t11745=

"ع الماشي" ليوسف إدريس

المفردات

- **ضَايَق، يُضايق، المضايَقة (ض ي ق)**

= جعل شخصًا يشعر بالضيق

to vex; to annoy

تابعتُ الذبابة لأقتلها؛ لأنها ضايقتني وظلت تطير وأنا آكل طعامي.

- **عَربة، ج. عرَبات (ع ر ب)**

= مركبة تسير على عجلات وتكون واحدة من عربات قطار، أو مركبة يجرها حمار أو حصان

cart; vehicle

جرّ الحمار عربة الخضراوات.

- **محُامٍ، ج. محامون (ح م ي)**

= شخص يعمل بالقانون ويدافع عن متهم في قضية

lawyer

دافع المحامي عن المتهم بحماسة وطلب تخفيف الحكم من القاضي لظروفه الاجتماعية التي دفعته للسرقة.

- **عَبَس، يَعبس، العُبوس (ع ب س)**

عكس: ابتسم

to frown; to scowl

عبس الوالد عندما عرف درجات ابنه الذي رسب في الامتحان.

- **اِنهال (على . . . بـ)، ينهال، الانهيال (هـ ي ل)**

= نزل بكثرة فلا يمكن إيقافه

to assail; to shower with

انهالت قواتنا على جنود العدو بالقنابل؛ فهربوا خائفين.

- **استفسار (عن)، ج. استفسارات (ف س ر)**

= طلبُ التفسير والشرح والإيضاح

inquiry; question (s.th.)

لم يستطع موظف الاستقبال الجديد الإجابة عن كل استفسارات عملاء الفندق.

- **رعىَ، يرعى، الرَّعْي (ر ع ي)**

= مشي (الحيوان) في الأماكن الواسعة ليأكل النبات

to graze; to set free

قاد الراعي الخراف إلى الأرض الخضراء ووقف يحرسها وهي ترعى بين الحشائش الطويلة.

• مَرِحَ، يَمْرَح، المرح (م ر ح)

= تحرك وتصرف بنشاط وسعادة

to proceed arbitrarily; to do as one likes

غاب المدرس عن الصف؛ فخرج الأولاد يمرحون في ملعب المدرسة يمينًا ويسارًا.

• لَكْزَة، ج. لَكَزات (ل ك ز)

= ضرْبَة باليد في (الصدر خصوصًا)

to strike; to nudge

لم يعجبني كلام المدير فلكزت زميلي لكزة خفيفة لأشد انتباهه لما يقول دون أن يلاحظ المدير شيئًا.

• زَام، يزُوم، الزَّوم (ز و م)

= أخرج من فمه أصواتًا وكلمات غير مفهومة للتعبيرعن الغضب

to growl; to snarl

أخذ الموظف يزوم بعد أن أعطاه المدير ظهره وابتعد أمتارًا قليلة.

• صَمْت (ص م ت)

عكس: كلام

silence

وقف الرجال في صمت احترامًا لذكرى زميلهم شهيد الواجب والوطن.

• (قانون) مدَني (م د ن)

= خاص بقضايا غير إجرامية

civil (law)

أحمد يعمل محاميًا مدنيًا، ينظر في قضايا الزواج والطلاق وما شابه.

• (قانون) جِنائي (ج ن ي)

= خاص بقضايا إجرامية كالقتل والسرقة وغيرها

criminal (law)

يحدد القانون الجنائي الإعدام شنقًا عقوبة لقتل النفس.

• مُخَدِّر، ج. مُخَدِّرات (خ د ر)

= مواد تسبب للإنسان فقدان الوعي بدرجات مختلفة، ومنها الحشيش والماريجوانا

drugs; narcotics

يعتبر الأفيون من أقوى المخدرات المستخدمة طبيًا في علاج الألم الشديد.

• مِثْل، ج. أَمثال (م ث ل)

= شِبه، غير مختلف عن

like

حذر القاضي من عمليات النصب ومن أمثال ذلك المتهم الذين يستغلون أمية البسطاء لسرقة أموالهم.

• **استطرد (في)، يستطرد، الاستطراد (ط ر د)**

= تنقل من موضوع إلى آخر

to proceed (in one's speech); to change subject

قاطع الجمهور المتكلم، ولكنه استطرد في كلامه من دون أن يجيب عن أسئلتهم.

• **هُنَيهة (هـ ن و)**

= وقت قصير جدًا من الزمن

a little while

توقف هنيهة عن إلقاء كلمته ليستطلع وجوه الحاضرين.

• **تردد، يتردد، التَّرَدُّد (ر د د)**

= رجع مرة بعد أخرى

to hesitate

حمدي لا يحب التردد، وكل قراراته قاطعة فاصلة؛ فإذا أقنعه شيء يتخذ قراره مرة واحدة ولا يعيد التفكير فيه بعد ذلك.

• **استنكر، يستنكر، الاستنكار (ن ك ر)**

= رأى أن الشيء قبيح غير جميل، استقبح

to disapprove; to denounce

استنكر رجال الدين تلك المشاهد في الفيلم وحكموا على المخرج بمخالفة قواعد الدين.

• **قِسْمة (ق س م)**

= نصيب وحظ، ما قسمه الله للإنسان

destiny; fate

يؤمن المصريون بالقدرية، وبأن لكل إنسان قسمة ونصيبًا من خيرات الحياة وشرورها.

• **جبّار، ج. جبابرة (ج ب ر)**

= شديد ذو قدرة كبيرة (يستخدم بمعنى إيجابي أو سلبي)

giant; powerful

حارب النبي داود جلياط (جالوت) الجبار وانتصر عليه بمقلاع وحجر صغير.

• **[ناصِح] (ن ص ح)**

= ذكي ماهر

intelligent; smart

[الولد ده ناصح أوي؛ ما حدِّش يقدر يضحك عليه أبدًا.]

• **دوّخ، يدوَّخ، التدويخ (د و خ)**

= جعل الرأس يشعر بالدوار

to make dizzy; to trouble; to bother

حين سافرت لأول مرة بالبحر دوخني ومرضت مرضًا شديدًا.

• **قاضٍ، ج. قُضاة (ق ض ي)**

= شخص يحكم بين الناس بالقانون

judge

حكم القاضي بالعدل، ولكن أهل المتهم هتفوا:

"والله العظيم ظالم!"

• **مَحْكَمة، ج. محَاكِم (ح ك م)**

= مكان للنظر في القضايا والحكم بين الناس

court of law

لم يستطيعوا حل خلافتهم الشخصية وُدِّيًّا؛ فلجأوا إلى القضاء والمحاكِم.

• **سَكَتَ، يسكت، السكوت (س ك ت)**

= توقف عن الكلام

to be silent; to shut up

طلب الأستاذ من الطلاب أن يسكتوا، حتى يسمعوا ويفهموا شرح الدرس.

[برضه]

- أيضًا

also

[حقيقي هو غلطان، لكن كان برضه لازم يعرفوا الأسباب اللي خَلِّته يغلط.]

• **مَخَافَةَ (أن) (خ و ف)**

= خوفًا من

for fear that; lest

لم يشارك الطالب في أنشطة الصف، ولم يرد على الأسئلة، مخافة أن يخطئ.

• **تفوّه (بـ)، يتَفوّه، التفوُّه (ف و ه)**

= نطق

to utter; to say

جلس صامتًا أمام أبيه، ولم يتفوه بكلمة واحدة، مخافة أن يعاقبه.

• **أطْبَق، يُطْبِق، الإطباق (ط ب ق)**

= أغلق

to close; to shut

أطبق الرجل فاه بشدة حتى لا يرد على إهانة المدير فيفصله عن العمل.

• **وَدّ، يَوَدّ، الوُدّ (و د د)**

= أحبَّ

to want; to like; to desire

لم يوَدَّ الولد الذهاب إلى المدرسة فتظاهر بالمرض وظل في فراشه.

• **ثَبّط، يُثبِّطُ، التثبيط (ث ب ط)**

= أضعَفَ الإرادة

to hold back; to hinder; to frustrate

استمر الشاب في كفاحه ضد الاستعمار، ولم يثبط من عزيمته وإرادته قوة العدو وموت أصدقائه.

• **[غِلْبوا، غِلِب، يِغْلَب] (غ ل ب)**

= تعبوا لأجل عمل شيء ولكن بلا

جدوى أو فائدة

to try hard with no use; to fail

[بعد ما غلب في البحث عن شقة اضطر يسكن مع والده ووالدته عشان يقدر يتجوز بسرعة.]

- **دَافَع، يُدَافِع (د ف ع)**

عكس: هاجم

to defend

دافع المحامي عن المتهم.

- **أَصرَّ (على)، يُصرُّ، الإصرار (ص ر ر)**

= استمر في شيء بلا تراجع

to insist; to presist

أصر الرجل على تحقيق أحلامه؛ فعمل بجانب دراسته، والتحق بكلية العلوم، وتخرج بامتياز، فانتصر على كل التحديات الاقتصادية والاجتماعية التي واجهته.

- **تَنَحْنح، يَتَنَحْنَح، التنحنح (ن ح ن ح)**

= أصدر صوتًا خاصًا يشبه صوت 'الحاء' ليريح زوره أو لينبّه شخصًا آخر

to hem; to clear one's throat; to say "ahem"

كان يتنحنح قبل الرد على أسئلة ضابط الشرطة، ليعطي نفسه فرصة للتفكير.

- **وَارث، ج. ورَثة/ وارثون (و ر ث)**

= من يأخذ نقودًا أو غير ذلك مما يتركه الأب أو الأم أو الأقارب بعد موتهم

heir

اختلف الإخوة حول توزيع ثروة والدهم، وحين قرأ المحامي الوصية عرف الناس الوارث الحقيقي لثروة المتوفى.

- **(محكمة) النقض (ن ق ض)**

عكس: الربط والإحكام والبناء

ومحكمة النقض هي المحكمة الثالثة التي يُحكم فيها بعد المحكمة الابتدائية ومحكمة الاستئناف.

court of cassation; an appeal

لجأ المحكوم عليه بالإعدام إلى محكمة النقض، ليلغي الحكم، حيث إنه صدم الرجل بسيارته، ولكنه لم يكن يقصد أن يقتله.

- **أَصْغَى إلى، يُصْغِي، الإصغاء (ص غ ي)**

= استمع باهتمام

to listen carefully

أصغى الطبيب بسماعته إلى دقات قلب المريض، ليحدد سبب المرض.

- **مُذَكِّرة (قانونية)، ج. مُذَكِّرات (ذ ك ر)**

= بيان تفصيلي يقدَّم إلى القاضي

bill of indictment

كتب المحامي مذكرة بعد دراسة القضية، وقدمها إلى القاضي للاطلاع على كل ظروف القضية.

- **أنّ، يئنّ، الأنين (ء ن ن)**

= عبرّ عن ألمه بصوت عميق متواصل

to moan; to groan

ظل المريض يئن من الألم، حتى أعطاه الطبيب حقنة مسكِّنة تهدئ من الألم.

- **نَبش، يَنبش، النَّبش (ن ب ش)**

= حفر لاستخراج شيء

to dig up; to uncover; to lay open

نبش الطفل الرمال بحثًا عن ساعته التي وقعت منه وهو يلعب على الشاطئ بجانب البحر.

- **مَطَب، ج. معطبَات (ط ب ب)**

- منخفض أو مرتفع بعرض الطريق ليجعل السيارات تخفف سرعتها

bump; speed bump

اشتكى سائقو سيارات الأجرة لكثرة المطبات في شوارع القاهرة التي تتسبب في إتلاف سياراتهم.

- **اكْتَفَى (بـ)، يَكتفي، الاكتفاء (ك ف ى)**

= لم يكن محتاجًا إلى زيادة

to be content with

لم يكتفِ الرجل بالاعتذار الشخصي للمصاب، بل قدم اعتذاراً مكتوبًا.

- **غادر، يُغَادِر، المغادَرة (غ د ر)**

= ترك مكانًا أو شخصًا

to leave

غادر المتحدث قاعة الاجتماعات بعد إلقاء محاضرته وسط تصفيق الحاضرين.

- **[آدي]**

= ها هي/ ها هو

here is the (someone/something)

- [فين الملفات يا حسن؟ وفين الأوراق؟
- اتفضل يا أستاذ حسن! آدي الملفات وآدي الأوراق.]

- **[إسْنِد على] (س ن د)**

= فعل أمر يعني: استنِد إلى؛ اعتمِد على

to lean on; to lean against

[اسنِد على العصاية عشان رجلك ماتوجعكش.]

- **[مِغَلِّب] (غ ل ب)**

= (شخص) مُتعِب وغير مريح

tiring (person or thing); difficult

[الأم دي مسكينة والله! ابنها مِغلِّبها؛ مابيروحش المدرسة ومابيذاكرش، ومش عايز يشتغل، وهي مش عارفه تعمل معاه إيه.]

- **[روشتة]**

= وصفة علاجية

a medical prescription

شعرت بألم حاد في بطني؛ فزرت الطبيب وبعد الفحص كتب لي [روشتة].

- **[ياما]**

= كثيرًا ما

repeatedly; many times

[ياما قلت لك ذاكر، وقعدت تلعب!]

- **فار، يفور، الفوران (ف و ر)**

= يفور الماء أي يسبب الغليان، أو يخرج من الأرض

to boil; to flare up

فار غضبًا عندما شاهد ابنته مع صديق لها في مقهى تتجاذب معه حديثًا حميماً، وكان يظنها في المدرسة.

- **نفخ، ينفخ، النفخ (ن ف خ)**

= أخرج من فمه هواء قويًا (في آلة موسيقية أو للتعبير عن الضيق)

to blow; to puff

نفخ الشاب ليعبر عن شعوره بالملل من استمرار المتحدث في الحديث لأكثر من ساعة بدون انقطاع.

- **[بقى كده]**

= أهكذا يكون الأمر؟

Is it so?

[بقى كده، تروح السينما لوحدك من غير ما تاخُدني معاك؟]

- **[أمال إيه]**

= طبعا!

But of course!

- [يعني انتَ تعرف انجليزي؟
- طبعًا أُمالّ إيه! ده أنا بادرسه من حوالي عشرين سنة.]

- **[الرست هاوس]**

= الاستراحة؛ والرست هاوس استراحة في الطريق الصحراوي للإسكندرية

The Resthouse is a lodge on the desert road to Alexandria.

[وقفنا عند الرست هاوس في طريق مصر -إسكندرية الصحراوي.]

تعبيرات وتراكيب

لا يخاف . . . قدْرَ خوفه إذا عرف الناس أنه محام.

نفي + فعل + قَدْرَ + مصدر (الفعل السابق)

يعني هذا التعبير أن الشيء المذكور في آخر الجملة يكون أكثر من غيره. فهو هنا يخاف من أن يعرف الناس انه محامٍ أكثر من خوفه من أن يعرفوا أى شيء آخر عنه.

- لست بحاجة إلى شيء الآن قدر حاجتي إلى الراحة بعد كل هذا العمل.
- لا أعرف الأدب العالمي قدْرَ معرفتي بالأدب المصري.

راح ينظر من النافذة

راح + فعل مضارع

بمعنى: بدأ.

- عندما دخل المدرس الفصل راح الطلاب يفتحون حقائبهم ويخرجون الكتب.
- بعد أن انتهت من الجامعة راحت تبحث عن عمل مناسب.

يا ويله لو فتح الباب!

يا ويلَ + ضمير

تعبير يعني التحذير من الهلاك أو العذاب، أوالتهديد بحدوث شيء خطير.

- يا ويلي إذا فشلت في امتحاناتي!
- قال له: اخرج من بيتي، ويا ويلَكَ إذا رجعت مرة أخرى!
- إذا لم تهتم الحكومة بإقامة العدل وتعميم الرخاء الاقتصادي؛ فيا ويلَ شعبها من الزمان!

أشهر من نار على علم

هذا قول سائر في الثقافة العربية، وحين يقال عن شخص فهذا يعني أنه شهير جدًا، يراه ويعرفه كل الناس؛ فيقال: كأنه نار على علم (العلم هنا أي الجبل)، أو يقال: إنه "علم في رأسه نارُ."

- نجيب محفوظ أشهر من نار على عَلَمٍ في مجال الأدب والثقافة.

(يحدث) ما لا تحمد عقباه

أي: الذي نخاف من نتيجته

- هدّد الضابط المتهم بقوله : سنظل نراقبك، وإذا فعلت شيئًا مخالفًا سيحدث لك ما لا تحمد عقباه.

(حكى – قصّ) بحذافير(ـه – ها)

أي: كُلّه/ كُلّها، مع كل التفاصيل

- [حكيت أمام القاضي الأحداث بحذافيرها.]

انشوى واستوى

هذا تعبير خاص استعاره الكاتب من ألفاظ المطبخ، يشير إلى أن الشخص قد تعب كثيرًا كأنه قطعة من اللحم أو السمك وضعت على النار وقتًا طويلاً وشُويت أو قُليت مرات ومرات.

- الاستاذ محمد شواني و سواني بأسئلته لما رجعت عشان يعرف أنا كنت غايب ليه.

يفتح باب الكلام (الحوار – الحديث)

أي: يبدأ الحديث

- ظل زميلنا الجديد صامتًا رغم أنني فتحت معه باب الكلام أكثر من مرة.

مَطَّ ابتسامته

تعبير ساخر يشير إلى الابتسامة حين تكون متسعة ولكنها غير صادقة، كأنها قطعة من المطاط.حين واجهته بأكاذيبه مط ابتسامته كأني أتحدث عن شخص آخر.

. . . من هنا و . . . من هناك

"كلمةُ من هنا ومن هناك" تعبير يعني أن الكلام كان متفرقًا ولم يكن عن شيء واحد بعينه، وأنه أدى إلى شيء آخر.

- التقى الخصمان في الشارع، وكلمة من هنا وكلمة من هناك . . . تشاجرا.

ثبَّط من

(ثبط العزيمة/ الهمة/ الرغبة/ إلخ)

أي: وضع الحواجز في الطريق، وأثّر على الشخص الذي يريد أن يفعل شيئاً تأثيرًا سلبيًا يجعله يتوقف ولا يستمر.

- كنت أريد السفر إلى لبنان، ولكن الأخبار الأخيرة ثبطت عزيمتي.

نفاد الصبر

أي: انتهاء الصبر

- انتظرت الموظف كثيرًا، ولم يأت، فغادرت مكتبه بعد أن نَفِد صبري.

بفروغ بال

أي: في حالة نفسية طيبة وإحساس بعدم الانشغال

- كنت في أيام الرحلة الأخيرة فارغ البال، مرتاحًا، لا يشغلني شيء سوى الاستحمام في البحر.

ترك أفكاره ترعى في الصحراء

بمعنى أنه دخل في حلم يقظة، وذهب بأفكاره في كل اتجاه، مثل الماشية في الصحراء.

- فاجأ حبيبته مع أحد زملائها يضحكان، فدفعته غيرته إلى إتهامها بالخيانة و ترك أفكاره ترعى في صحراء تلك العلاقة بدون وجه حق.

كالريشة في مهب الريح

بمعنى أنه كان يشعر بالخطر، ولهذا يصف قلبه بأنه مثل الريشة الخفيفة التي تقف أمام مصدر الهواء الشديد.

- لم تستطع مواجهة الإتهامات الموجهة إليها من كل الأطراف فلم تدافع عن نفسها ووقفت صامتة كالريشة في مهب الريح.

تدريبات على مفردات قصة "ع الماشي"[22]

١. صنفوا هذه الأفعال بحسب وزنها، ثم اكتبوا لخمس منها صيغًا جديدة (اسم فاعل أو اسم مفعول أو مصدر) وضعوها في جمل:

ضايق – انهال – رعى – مرِح – زام – استطرد – استنكر – تردّد – دوّخ – سكت – تفوّه – أطبقَ – ودّ – ثبّط – دافع – أصرّ – تنحنح – أصغى – أنّ – نبش – اكتفى بـ – غادر – أَسْنَدَ – نفخ – عبس

أ. فعل :

ب. فعّل :

ج. فاعل :

د. أفعل :

ه. تفعل :

و. تفاعل :

ز. انفعل :

ح. افتعل :

ط. افعلّ :

ي. استفعل :

---

٢٢ صححوا إجاباتكم من على الموقع الإلكتروني للكتاب.

٢. ضعوا دائرة حول الفعل الغريب (من حيث المعنى أو المجال) من كل مجموعة مما يأتي:

أ. تفوّه – تنحنح – سكت – زام

ب. أنّ – زام – أصغى - تنحنح

ج. عبس - غادر – مرح – ابتسم

٣. ضعوا خطًا تحت الكلمات التي لها صلة بالقانون، واكتبوا قبلها أو بعدها كلمة ذات صلة:

.... محام ....

.... قاضي ....

.... محكمة ....

.... مدني ....

.... جنائي ....

.... مخدِّر ....

.... دافع ....

.... النقض ....

.... مذكرة ....

.... [روشتة] ....

.... عَربَة ....

.... استفسار ....

.... استطرد ....

.... نَبَش ....

٤. صلوا الكلمة بما لها صلة به:

	الكلمة	كلمة ذات صلة
أ.	قانون	ظالم
ب.	مخدرات	مدني
ج.	قسمة	ممنوعة
د.	جبار	جنائي
ه.	قانون	ونصيب
و.	قاضي	عن
ز.	دافع	عادل
ح.	اكتفى	قانونية
ط.	مذكرة	بـ
ي.	[روشتة]	علاجية

٥. أكملوا الجمل الآتية بأحد الأفعال مما بين الأقواس، مع تغيير ما يلزم:

(ضايق – عبس – انهال – رعى – مرِح – لكز – زام – استطرد – تردد – استنكر – دوّخ – سكت – تفوه – ود – دافع)

أ. يتعايش الناس بعضهم مع بعض بشكل عادي علي الشاطئ. لا أحد .... أو يسبب متاعب وإزعاجًا لغيره.

ب. لا تحزن؛ لأن الحزن ينقبض له القلب و............... له الوجه وتنطفئ منه الروح ويتلاشى معه الأمل.

ج. وعندما حاولت المقاومة، جرى إلى المطبخ واستل سكيناً و............... عليها بالطعنات.

د. عادت أميمة فهمي من أمريكا لـ............... ابنتها المريضة التي أصر والدها على السفر ليحجز لها للعلاج.

ه. دائماً أقفز .... ونشطًا عندما أقرأ ما يكتبه الأستاذ حسن نافعة وما يكتبه الأستاذ مجدي الجلاد.

و. أدرك دميان أن ذكاءها خارق، وأحب أن يهزمها بحق فـ...............
برفق في كتفها.

ز. لم يكن .... فقط، فالحقيقة أنه أصدر صوتًا كالزئير.

ح. تحدث المحافظ عن جمال النخيل وهو يعانق مياه البحر، و...............
قائلاً: نعتبر هذا العام بداية لدخول شواطئ شمال سيناء إلى عصر جديد.

ط. إن ألمانيا، التي تعد المسهم المالي الرئيسي في الاتحاد الأوربي، ....
في توظيف مزيد من الأموال لدمج تركيا في الاتحاد الأوربي.

ي. النائب العربي في الكنيست الإسرائيلي والموجود حاليًا في دمشق
.... وبشدة تصريحات وزير الخارجية السوري، وقال إنه يدين
كل كلمة تلفظ بها.

ك. أخيرًا، عرفنا آخر أخبار تلك الجريمة التي .... المباحث، ووصلت
أصداؤها إلى الخارج.

ل. على كل إنسان ألا .... على الظلم، أو يتستر على خطأ يرتكب
أمامه.

م. إذا كانت تسأل سؤالاً في الشرع والدين فهذا ليس حرامًا، ولكن إذا كانت
.... بألفاظ لا أخلاقية فهذا حرام.

ن. بخصوص أهداف التغيير التكنولوجي القومي، هناك ملاحظات رئيسية
.... جذب الانتباه إليها.

س. أليس غريبًا أن .... عن الإسلام بهذه الحرارة وأنت سكران؟

٦. احذفوا الكلمة التي تحتها خط، وضعوا كلمة أخرى مناسبة للسياق:

أ. <u>أطبق</u> الشر على الإنسان من جميع النواحي فأبدع الخير.

ب. كنا ننتظر من الصحافة أن تشجع خطواتنا، لا أن <u>تثبط</u> عزيمتنا.

ج. وهو في السجن تحول جسمه كله إلى أذنين تصغيان إلى من يعذّبون في الزنزانة المجاورة.

د. بعد اتصالات ومذكرات متبادلة، وافق الاتحاد الإندونيسي على العدول عن قراره بنقل المباراة إلى مكان آخر.

هـ. نهر النيل يئن من التلوث، حيث تصب فيه ملوثات ٤ آلاف قرية.

و. يمكن للأجيال القادمة أن تنبشها (تاريخ تلك الفترة) وتتعامل معها بطريقة موضوعية.

ز. سوف يغادر القاهرة اليوم نجم الإسكواش المصري أحمد برادة في طريقه إلى لندن.

ح. خطورة الكتاب أنه يحاول أن ينفخ في صورة الموساد ويمنحها قوة هي في حاجة إليها.

ط. أحد المشايخ اتهمني بأني أعترض على أحد الأحاديث النبوية، وانهال عليَّ بالشتم والضرب.

ي. فقدنا كاتبًا ومفكرًا مبدعًا هو علي عبد الرازق الذي اضطر إلى أن يصمت أمام ضربات الإرهاب الفكري والسياسي والإداري التي لاحقته.

٧. اكتبوا عكس الكلمة التي تحتها خط ليستقيم المعنى:

أ. لم يكن قد تجاوز الثانية عشرة من عمره، عندما ابتسمت الأيام في وجهه وعانى من الفقر.

ب. الرئيس يرد على إجابات طلاب الجامعات في حوار مفتوح معهم.

ج. انتقدت صحيفة القادسية العراقية الصادرة أمس كلام الأمم المتحدة إزاء الغارات الأمريكية والبريطانية.

د. أبلغت يوغوسلافيا الأمم المتحدة أن ١٠٠٠ عسكري بينهم عدد كبير من الأطفال لقوا حتفهم في غارات الحلف.

هـ. نظر إليها طويلاً ثم أتى بطبق الفاكهة، وأعطاها واحدة.

و. برلماني سوداني يؤيد تدهور الأوضاع في السجون السودانية.

ز. تردد في أن يحمل عنها الأكياس، وأوصلها إلى شقتها في الدور السابع.

٨. أكملوا الجمل الآتية بكلمة جديدة مناسبة:

أ. ليس من المنطقي أن يسهم في دفع أتعاب .... الذين دافعوا عن الرئيس الأمريكي في تلك الفضيحة.

ب. لقد عملت تلك الكاتبة العظيمة بدأب ونشاط و............... ما يقرب من نصف قرن، متمسكة بمعتقداتها وبما تؤمن به.

ج. تشير إحصاءات الإدارة العامة لمكافحة .... في عام ٩٨ إلى أن مخدر الهيروين استمر في المركز الثالث وضبط منه ٢٤,٥ من الكيلوجرامات.

د. فكر .... ثم قال: ربما أريد أن أكسر هذا الجمود!

هـ. تم تعيين ٣٤٨ .... للإشراف على مكاتب المراقبة في الانتخابات القادمة.

و. وفيما يتعلق بمحاكمة المتهمين أمام محكمة إسكتلندية، أوضح القذافي أنه يثق في .... الإسكتلندي.

ز. يُعَدّ ما يتعرض له الشعب الفلسطيني نموذجًا للظلم الذي .... عليه المجتمع الدولي، و تبرره الدول الكبرى.

ح. سقط في مقعد قريب من سريرها و............... لو يبكي عليها، ولكنه لم يجد في عينيه دموعًا.

ط. كان شديد الاهتمام بي و............... على دعوتي يوم السبت للعشاء.

ي. إذا أردت من المرأة أن .... إليك باهتمام، حدِّثها عن امرأة أخرى.

٩. أكملوا النصف الآخر من الجملة:

أ. مرة أخرى تعود السينما الأمريكية إلى الواقع، بعد أن ضايقت المشاهدين بأفلام الزلازل والبراكين واقتحام الفضاء، وتتجه الآن إلى ....
....

ب. هناك تفكير في أن ترعى الشركة بنفسها هؤلاء الموهوبين، حتى يصبحوا ...
....

ج. الكل يتحدث، لكن يا ويل الشعب العراقي مما ينصب على رأسه من الكوارث ....

د. لا بد من اتخاذ الإذن من المجلس عند اتخاذ إجراء جنائي ضد ....
....

ه. يجب أن أنبه إلى أن هذا النوع من المخدرات ليس جديدًا في الأسواق العالمية فهو ....

و. نحن في الشرق نعتبر الزواج 'قسمة ونصيب،' ولا يعرف المرء ....
....

ز. لم أر مثله في كل الرجال: دوَّخني عطرُه، وأعجبتني أناقته، وعشقت رسائله
....

ح. لقد نزل على ركبتيه ويداه على الأرض، ثم تحرك إلى الوراء، مخافة أن ....
....

ط. سجل بضع كلمات على ورقة أمامه، ثم تنحنح وأخذ صوته طابعًا رسميًا و
....

ي. هناك من الأزواج من يسعى إلى نبش الماضي بحثًا عن ....
....

ك. كثرت المطبات في شوارع القاهرة، مما يهدد سلامة السيارات و.............
....

ل. تريد أن تكون سعيدًا؟ اكتفِ بعدو واحد، و.........................

....

م. لقد غادر فريق الأمم المتحدة المكلف بنزع أسلحة العراق الكيميائية بغداد أمس، بعد أن ....

ن. كتب الطبيب في الروشتة نوعًا واحدًا من الدواء، على الرغم من ....
....

قصة "ع الماشي" ليوسف إدريس

أولاً: تمهيد لقراءة النص:

اقرأوا الجانب الثقافي الآتي، وقارنوه بما في ثقافتكم المحلية:

١. الدين والحياة اليومية:

أثر الدين يظهر في اللغة اليومية للعرب، ولهذا لا تكاد دقائق تمر حتى تسمع لفظ 'الله' أو تسمع عبارة "إن شاء الله،" أو تسمع من يقول "أعوذ بالله" حين يستنكر شيئًا، وقد يقسم بالله وبدينه وبما يعبد إذا أراد تأكيد كلامه، وبعض الناس يقسم بالنبي وبما بين يديه من طعام وشراب فيقول: "والنعمة،" أو يقسم بحياة اللقمة أو الشاي أو الماء الذي يشربه، أما المسيحي فيقسم بالمسيح الحي، وغالبًا ما يقول لمحدثه "صدقني"لكي يتجنب القسم.

ومن وقت إلى آخر قد تجد من يتحوقل فيقول "لا حول ولا قوة إلا بالله" حين يرى شيئاً غريبًا أو يلاحظ مفارقة في الحياة اليومية. أما حين يبدأ معظم المسلمين عملاً فإنهم يبسملون فيقولون "بسم الله الرحمن الرحيم،" وخصوصًا حين يبدأون طعامهم أويلقون خطبة أو يبدأون الكلام في اجتماع أو غير ذلك.

يؤمن المصريون بأنهم لا يختارون كل شيء في حياتهم وأن الحياة قسمة ونصيب وأن ما يأتي من الله يكون هو الأفضل دائما، ولهذا نراهم حين يواجهون قرارًا صعبًا يصلون صلاة تسمى صلاة الاستخارة، التي يسألون فيها الله أن يساعدهم في اتخاذ القرار الصحيح وبعدها يختارون القرار الذي يرتاحون إليه.

٢. الرست هاوس:

يقع الرست هاوس في طريق مصر-الإسكندرية الصحراوي. وهو أول استراحة أقيمت على هذا الطريق، وظلت الوحيدة لوقت طويل حيث إن هذا الطريق لم يكن مطروقًا بالسيارات. وقد أصبح المَعْلم الوحيد الذي يشير المسافرون إليه عند وصفهم للأماكن الأخرى الواقعة على الطريق بين مصر والإسكندرية؛ فيقولون مثلاً: قبل الرست بحوالي كذا كيلو، أو كذا كيلو بعد الرست. ولكن بعد الاهتمام بالطريق الصحراوي أصبح من أهم وأفضل الطرق المستخدمة في مصر، وكثرت به الاستراحات الحديثة.

٣. خمسة ثقافة: عادات ع الماشي!

اعتاد المصريون أن يؤدي بعضهم خدمات لبعض، وانعكس هذا على علاقاتهم اليومية والعامة، فأصبح كثير من المصريين يشعرون أن الخدمة المخصوصة والوصاية أفضل من الخدمة مدفوعة الأجر. ففي محيط الجيران مثلاً من العادي جدًا أن يطلب الجار من جاره—إذا كان بائعَ بُن مثلاً—أن يعد له خلطة مخصوصة لقهوته، معتقدًا أن مثل هذه الخلطة أفضل بكثير من تلك التي يشتريها بنفسه من محل جاره لمجرد أنها 'وصاية،' بالرغم من أن جاره قد يكون أحضرها من على الرف نفسه الذي تباع منه خلطة البن المدفوعة الثمن.

نرى ذلك أيضًا في المحافل والحفلات عند التعرف على طبيب أو محام. فيكون التعارف حديث العهد وسطحيًا؛ حيث إن المدعو لا يكاد يعرف هذا الطبيب أو المحامي الذي تعرف عليه، فيتحدث عن أمراضه مع الطبيب طالبًا العلاج، أو يتحدث مع المحامي عن مشاكله القضائية، طالبًا الرأي والمشورة. وعلى الطبيب أن يمدهم بالوصفات والأدوية، حتى وإن لم يقم بفحصهم فحصًا طبيًا دقيقًا، وهم بذلك يعتقدون أن التعرف على الطبيب في مجال عام خارج العيادة يبعث على الثقة به والتأكد من عدم استغلاله لهم. ويتكرر هذا النمط في التعارف كثيرًا، وهي ظاهرة تستحق البحث والدراسة.

ثانيًا: القراءة الأولى

اقرأوا النص، واختاروا الإجابة الصحيحة:

هذه القصة تحكي عن:

١. قصة محام مسافر إلى القاهرة.

٢. علاج الصداع المزمن.

٣. موقف اجتماعي ثقافي يتعرض له الناس كل يوم خلال ممارساتهم للحياة اليومية.

٤. قضية إرث مستعصية.

ع الماشي[٢٣]

كان ما ضايق الأستاذ وهو عائد من الإسكندرية في الأوتوبيس الصحراوي أن جاره في العربة عرف أنه محام. وكان لا يخاف في الدنيا شيئًا أو يعبس لشيء قدر خوفه وعبوسه إذا حدث في مكان ما وعرف الناس أنه محام؛ فهو يعلم تمامًا أن الأسئلة حينئذ تنهال عليه، وتنهال معها الاستفسارات ولا يهم أن يكون هو متضايقاً أم غير متضايق، مستريحًا أم غير مستريح، فهم لا يفرقون بينه كإنسان، وبينه كمحام، إنما يرونه دائما وفي كل وقت محاميًا.

جلس الأستاذ في العربة وهو يستعيذ بالله خائفًا أن يبدأ الجار حديثه، ولهذا راح ينظر من النافذة وقد ترك أفكاره ترعى على مهلها في الصحراء المجدبة الممتدة وتمرح فيها من أقصاها إلى أقصاها.

ولم ينفع هذا، إذ سرعان ما أحس بلكزة خفيفة أعادت أفكاره من انطلاقها، وسمع جاره يقول:

- دي فرصة سعيدة يا أستاذ والله!

فقال الأستاذ وهو يزوم:

- مِرْسي.

وأقبلت فترة صمت كان قلب الأستاذ فيها كالريشة في مهب الريح، فقد كان يعلم أن جاره سوف يتحْوقل بفمه ويبسمل بعد قليل، ثم يفتح باب الكلام، ويا ويله لو فتح الباب.

ولم يخب ظن الأستاذ إذ ما أسرع ما قال الجار:

- إلا من فضلك يا أستاذ . . .

فقال المحامي في اشمئناط:

- نعم !

٢٣ ضمن المجموعة القصصية "أرخص ليالي" يوسف إدريس، سلسلة الكتاب الذهبي، روز اليوسف، ودار النشر القومي، ١٩٥٤.

- حضرتك بقى مدني والاّ جنائي . . . والاّ مخدرات؟

فرد المحامي على البديهة وكأنه محام:

- كل حاجة . . . كله . . . كله . . .

ومن تجاربه السابقة مع أمثال ذلك الجار كان الأستاذ يعرف أن المتحدث يسكت هنا، وتبدأ فترة صمت أخرى.

وفعلاً أغلق الرجل فمه المبتسم قليلاً ثم فتحه قائلاً:

- أهلاً وسهلاً، تشرفنا.

واستطرد بعد هنيهة:

- حضرتك لازم تعرف بقى الأستاذ (. . .) المحامي.

وتردد الأستاذ قليلاً ثم استخار الله وقال:

- لا والله، متأسف، معرفوش.

واستنكر الجار:

- متعرفوش إزاي . . . دا أشهر من نار على علم!

فقال الأستاذ بفروغ بال:

- أهو اللي حصل . . . قسمتي كده! والله وديني وأعبد ما أعرفه!

- دا راجل جبار. ناصح تمام . . . ياما دوخ قضاة ومحاكم.

- يا سلام؟! بقى كده؟!

وسكت الجار ولم يرد. وخاف الأستاذ من هذه السكتة فقد كان يعرف ما وراءها، بعد قليل قال الجار:

- يعني المدني حضرتك تفهم فيه برضه؟

- طبعًا، طبعًا، أمال إيه!!

قال الأستاذ هذا ولم يسأل عن السبب مخافة أن يحدث ما لا تحمد عقباه.

ولكن الجار تفوه بلهجة من لا يهمه الأمر:

- دا بس أصل فيه حكاية كده.

وأطبق الأستاذ فمه لا يود فتحه وكأنه ليس هنا.

ولم يثبط هذا من همة الرجل فسرعان ما أردف:

- حكاية كده غلبوا فيها المحامين. هو مش حضرتك بتدافع في المدني برضه؟ أصل أنا خايف أضايق حضرتك!

وأصر المحامي على صمته ولم يرد.

ومع ذلك تنحنح الجار وقال:

- الحكاية غلبوا فيها كتير . . . إوعى تكون حضرتك متضايق والاّ حاجة! شوف يا سيدي . . . بقى أصل في سنة ١٩٢٥ كان لي بيت وارثه عن أبويا، وكان فيه ورثه تانيين.

وبدأ الجار يروي القصة بحذافيرها من يوم أن كانت إلى يومنا هذا، ويشرح ما مرت به، والجلسات، والنقض، ونقض النقض، والأستاذ قد انشوى واستوى وهو يصغي، ومضطر أن يصغي، وكانت العربة في هذه الأثناء قد وصلت الرست هاوس فنزل المحامي والرجل وراءه، وأكمل القصة وهما يتناولان القهوة. ودفع المحامي الحساب والجار مستمر في الرواية، وفي الطريق إلى العربة كان الرجل قد انتهى أو كاد فسأل:

- وإيه رأي سيادتك بقى؟!

وقال المحامي رأيه، وقال:

- طيب لو سمحت بقى ولو فيها مضايقة بس تكتب لي مذكرة.

وكتب الأستاذ المذكرة وهو يفور وينفخ. وراحت العربة تئن وهي تقطع الطريق الملتوي الطويل. وشعر الأستاذ بعد قليل أنه يود معرفة الساعة التي ستصل العربة فيها، وكان ممكنًا أن يسأل جاره ببساطة ولكنه لم يشأ هذا حتى لا ينبش الجار فيفتح فمه ولا يقفله أبدًا.

ولكن في مطب من المطبات الكثيرة مال الأستاذ على الجار، فكاد يوقعه وكلمة من هنا واعتذارات من هناك تعرفا، واتضح للأستاذ أن جاره دكتور. واكتفى الأستاذ بالذي كان، فأغلق باب الحديث وأحكم الإغلاق.

بعد وقت تذكر المحامي شيئًا ونسي قراره فابتسم وقال لجاره:

- إلا حضرتك بقى دكتور في الطب . . . والاّ في . . . ؟

وحين وصلت العربة إلى القاهرة وغادرها الركاب كان الأستاذ لا زال يقول للطبيب:

- لا، لا، متتعبشي نفسك. بلاش روشتة . . . آدي القلم والورقة . . . اسند هنا على ضهر العربية . . . بس والنبي عايز دوا يقضي عليه . . . دا مغلبني قوي الصداع ده. زي ما قلت لحضرتك، من سنة ٣٦، والروشتات أهيه. إوعى أكون ضايقتك يا دكتور . . . والنبي؟! متشكرين، متشكرين قوي. بقى حضرتك بتشتغل في اسكندرية؟ يا سلام ع الصدف السعيدة يا سلام!

ثالثًا: القراءة الثانية

اقرأوا القصة، ثم ضعوا (✓) أمام العبارات الصحيحة، مستدلين على صحة إجاباتكم من القصة، أو ضعوا علامة (×) أمام العبارات غير الصحيحة، مبينين الصواب:

١. الأستاذ في القصة يعمل طبيبًا. ( )

٢. تضايق المحامي لأن جاره سافر معه. ( )

٣. المحامي يركب قطارًا. ( )

٤. المحامي وجاره عائدان من الإسكندرية. ( )

٥. لا يحب الأستاذ أن يعرف الناس وظيفته. ( )

٦. حاول المحامي الهروب من الحديث مع جاره بالنظر من النافذة. ( )

٧. المنظر من نافذة العربة كان بديعًا والحقول كانت مثمرة. ( )

٨. لم يفلح المحامي في الهروب من التحدث إلى جاره. ( )

٩. جار المحامي استهل الحديث بالسؤال عن تخصصه في المحاماة. ( )

١٠. سأل الرجل المحامي ما إذا كان يفهم في القانون المدني. ( )

١١. حكى الجار للمحامي عن مشكلته. ( )

١٢. ملّ المحامي من الاستماع إلى مشكلة جاره. ( )

رابعًا: القراءة الثالثة

١. اقرأوا القصة ثم أجيبوا عن الأسئلة الآتية:

أ. ما أشد ما يضايق الأستاذ؟ ولماذا؟

ب. كيف حاول التخلص من الكلام مع جاره؟

ج. "نجح يوسف إدريس في أن يمزج الفصحى بالعامية في براعة لافتة، وهو ما يتبدى في قصته "ع الماشى؛" وهي تحكي عن طبيب تقابل مع شخص في حافلة ركاب، ودار بينهما حوار حول موضوعات عدة." استخرجوا أمثلة لذلك المزج من القصة.

د. صفوا مشاعر المحامي قبل معرفته بأن جاره طبيب.

ه. أين توقفت العربة؟ وماذا فعل وجاره هناك؟

و. لماذا خالف المحامي قراره بعدم قطع الصمت الذي ساد بعد أن كتب المذكرة للجار؟

ز. صفوا شعور الطبيب، عندما بدأ المحامي يحكي له عن مشكلته.

ح. ما رأيكم في نهاية هذه القصة؟ ولماذا؟

ط. في رأيكم، ما ذروة الأحداث (climax) في هذه القصة ؟

ي. هل قابلت مثل هذه الشخصيات في حياتك؟ متى؟ وأين؟

ك. إذا تصرف معك شخص عربي كما تصرف الطبيب مع المحامي، فما رد فعلك ؟

٢. اقرأوا الجمل الممهدة للحوار فيما يأتي، وأوضحوا مدى توفيق الكاتب في استخدامها بحسب السياق:

- وهو يزوم
- في اشمئناط
- على البديهة
- بعد هنيهة
- بعد قليل
- تفوه بلهجة من لا يهمه الأمر

- سرعان ما أردف
- تَنَحْنَح الجار وقال
- كان الأستاذ لا زال يقول للطبيب

٣. حرص الكاتب على تغيير أسماء الشخصيات، فاستحضرها بألقابها (الأستاذ – الدكتور)، فلماذا؟

٤. استخدم الكاتب كثيرًا من التعبيرات الثقافية الدينية مثل: يستعيذ بالله، يتحوقل بفمه ويبسمل، استخار الله، والله وديني وما أعبد، والنبي. فهل كان هذا مفيدًا في تأكيد الروح الواقعية للنص؟

٥. هل نجح إدريس في استخدام الصور البلاغية الآتية أم جذبته البلاغة إلى معان غير دقيقة:

- الأسئلة . . . تنهال عليه، وتنهال معها الاستفسارات.
- ترك أفكاره ترعى على مهلها في الصحراء المجدبة الممتدة وتمرح فيها من أقصاها إلى أقصاها.
- أحس بلكزة خفيفة أعادت أفكاره من انطلاقها.
- كان قلب الأستاذ . . . كالريشة في مهب الريح.
- انشوى واستوى
- راحت العربة تئن
- حتى لا ينبش الجار

٦. استخدم إدريس العامية وحدها في الحوار، فهل كان هذا اختيارًا جيّدًا؟

خامسًا: نشاط كتابة

١. أعيدوا كتابة القصة من وجهة نظر محام أمريكي صادف شخصًا مثل هذا الجار.

٢. حكى أحد المدونين هذه القصة في مدونته، وطلب تعليقات القراء. اكتبوا تعليقًا على هذا الموقف، معبرين فيه عن رأيكم في المحامي أو الطبيب أو كليهما.

الطيب صالح

التمهيد

١. ماذا تعرفون عن الطيب صالح وأعماله؟

٢. هل قرأتم بعض أعماله؟

أولا: الاستماع الأول

الرُّبى الرابط رقم (١): استمعوا إلى النص عن الطيب صالح، ثم بيّنوا سبب شهرته.

ثانيًا: الاستماع الثاني

استمعوا إلى النص مرة أخرى، ثم أجيبوا عما يأتي:

١. اختاروا الإجابة الصحيحة، وصححوا الإجابات غير الصحيحة:

أ. نشأ الطيب صالح وتعلم وعاش حياته في السودان.

ب. تربى الطيب صالح وسط أسرة تشتهر بالفن وتشتغل بالأدب.

ج. عمل الطيب صالح في مجال التعليم والإعلام.

د. كتاباته تتعلق بموضوعات متعددة تشمل السياسة، والجنس، والمجتمع العربي.

ه. أثرت هجرته في كتاباته، وأضافت إلى الموضوعات التي يكتب فيها.

و. يقف الطيب صالح على قدك المساواة وعباقرة الأدب العربي.

ز. للطيب صالح مقالات عديدة في المجلات والصحف.

ح. يعد الطيب صالح من أشهر الروائيين في العالم.

ط. يعيش الطيب صالح في لندن، ويتنقل بين وظائف وأعمال مختلفة.

٢. أكملوا الجمل بحسب فهمكم للنص:

أ. من أشهر رواياته ....

ب. ترجمت أعماله إلى ....

ج. تعتبر رواية .... نقطة تحول في مسيرته الأدبية.

د. من الجوائز والألقاب التي حصل عليها ....

ه. ترجع شهرة رواية موسم الهجرة إلى الشمال إلى أنها ....

ثالثًا: التوسع وبناء المفردات

١. لقاء مع الأديب الروائي السوداني الطيب صالح في عام ١٩٩٤، الجزء ١:

أ. قبل المشاهدة، ابحثوا عن معاني الكلمات الآتية في القاموس:

إطراء - صميم - تلمس - سكب - لعنة - تناقضات - موازين القوى المختلة - حوافز - الهواجس

ب. الرُّبى الرابط رقم (٢): شاهدوا الجزء الأول من لقاء الطيب صالح مع قناة إم بي سي عن روايته "موسم الهجرة إلى الشمال،" ولخصوا أهم الأفكار التي وردت في اللقاء.

٢. لقاء مع الأديب الروائي السوداني الطيب صالح في عام ١٩٩٤، الجزء ٢:

أ. قبل المشاهدة، ابحثوا عن معاني الكلمات الآتية في القاموس:

مدفون - غامضة - صياغة - النصوص التراثية - آليات فنية - ألاعيب - الجهود - تراكمات

ب. الرُّبى الرابط رقم (٣): شاهدوا الجزء الثاني من لقاء الطيب صالح مع قناة إم بي سي عن روايته "موسم الهجرة إلى الشمال،" ولخصوا أهم الأفكار التي وردت في اللقاء.

٣. لقاء مع الأديب الروائي السوداني الطيب صالح في عام ١٩٩٤، الجزء ٣:

أ. قبل المشاهدة، ابحثوا عن معاني الكلمات الآتية في القاموس:

على غرار – حتمية – اتساع – منحى آخر – دُربة – الريشة – الإزميل – سراب – رشيق – استمداد الأساليب التراثية – السليقة – نرويه وننشده – التيار الضخم – بلور

ب. الرُّبى الرابط رقم (٤): شاهدوا الجزء الثالث من لقاء الطيب صالح مع قناة إم بي سي عن روايته "موسم الهجرة إلى الشمال" ولخصوا أهم ما جاء في هذا الحوار في فقرة واحدة.

٤. لقاء مع الأديب الروائي السوداني الطيب صالح في عام ١٩٩٤، الجزء ٤:

أ. قبل المشاهدة، اعرفوا معاني هذه الكلمات:

- **الوجدان:** القلب والشعور
- **يترنم بأبيات:** يغني الشعر
- **الغوص:** النزول إلى الأعماق
- **أرِقت:** قلقت
- **يعروني:** يصيبني ويحدث لي
- **منيت:** تمنيت
- **يماطلني:** لا يجاوبني بسرعة ويحاول الهروب مني
- **ألقى جسام الحادثات:** أقابل الأحداث الضخمة
- **أصد:** أتصدى، وأواجه بهدف الدفاع أو المنع
- **جميل الذكر يرضيني:** أرضى بالأشياء المذكورة الجميلة
- **قارئ متعمق:** قارئ دارس وواع
- **أغبط:** أتمني لنفسي مثل ما لدى الآخرين من خير.

- **طاقته:** قدرته
- **قصائد:** قطع شِعرية
- **تلت:** جاءت بعد
- **يمخر العباب:** يُبحر أو يسافر بسفينة عبر الأمواج القوية العالية

٥. الرؤى الرابط رقم (٥): يتكلم الطيب صالح عن الشعر العربي في آخر الجزء الثالث، وفي هذا الجزء من لقائه مع قناة إم بي سي؛ فماذا يقول؟

٦. لقاء مع الأديب الروائي السوداني الطيب صالح في عام ١٩٩٤، الجزء ٥:

أ. قبل المشاهدة ابحثوا عن معاني الكلمات الآتية:

ممتعة - إن جاز - يعانون - مناصب كبيرة - نفاق - يجزلوهم - تظلمه - جلت - ميزة - تتوقع - مقومات العمل الروائي - من العجب - متنوع المواهب

ب. الرؤى الرابط رقم (٦): شاهدوا اللقاء، ثم أجيبوا عما يأتي:

- ما الأسئلة التي كنتم تودون أن تجدوا لها إجابة في النص السابق ولم تجدوها؟
- ما المعلومات التي أضافها نص الاستماع لمعلوماتكم عن الطيب صالح؟

رابعًا: سؤال بحثي

الرُّبى الرابط رقم (٧): اقرأوا ما كتبه عبد المنعم عجب الفيا، تحت عنوان: "البحث عن الفردوس الضائع: أصداء السيرة الذاتية في أدب الطيب صالح" من خلال الرابط على موقع "الربى،" أو ابحثوا عن عنوان المقال في جوجل، ثم:

١. لخصوا أهم الأفكار التي وردت في هذا النص.

٢. من قراءتكم لنص السيرة، واستماعكم إلى برنامج إم بي سي، وفهمكم لما قرأتم عن الطيب صالح، استعدوا لتصميم صفحة خاصة في مدونة "أدب الربى" بعنوان "الأسئلة الأكثر شيوعًا عن الطيب صالح،" لكتابة مجموعة من الأسئلة والإجابات عنها، على أن تشمل معظم المعلومات الواردة في النصوص المقروءة والمسموعة.

"أغنية حب" للطيب صالح

المفردات

- **نَغْمة، ج. نَغَمات/ أنغام (ن غ م)**

= صوت الموسيقى

musical tone; musical note

استمتعت كثيرًا بسماع عازف البيانو في دار الأوبرا وهو يعزف نغمات موتسارت بإتقان.

- **وَقْـع (و ق ع)**

= أثر

effect; impact

لم أعلن لهم عن خبر حصولي على عمل في كندا وقبول أوراقي للهجرة؛ لأنني لم أكن أعرف وقع المفاجأة عليهم.

- **نشاز (ن ش ز)**

= خارج عن النظام، خصوصا في الموسيقى

out of tune; cacophonous; dissonart

"إن أنكر الأصوات لصوت الحمير" آيه جعلت الناس يظنون أن نهيق الحمار دائماً نشاز ليس فيه نغم.

- **حاجب، ج. حواجب (ح ج ب)**

= ما فوق العين من شَعر، أو عظم بما عليه من لحم

eyebrow

هناك مثل عربي يقول إن العين لا يمكن أن تعلو على الحاجب؛ إشارة إلى أن الناس مراكز ودرجات.

- **مُقَـوَّس (ق و س)**

= لا يكون مستقيماً بل يكون على شكل قوس، والقوس هو جزء من محيط الدائرة.

arched

وصل سِنّه إلى التسعين ولكن ظهره ليس مقوسًا، بل هو مستقيم مثل أي شاب، الرياضة هي السبب بالتأكيد.

- **رَوْعَـة (ر و ع)**

= جمال مؤثر

charm; beauty; magnificence

لكزني صديقي حتى أفيق عندما وقفت فاقد النطق أمام روعة البحر والسماء الزرقاء الصافية.

- **تردد، يتردد، التردُّد (ر د د)**

= رجع مرة بعد أخرى (في موقف أو أمر أو موضوع أو فكرة)

to hesitate

ترددت كثيرًا قبل الاتصال بها خوفًا من أن ترفض التحدث معي على الهاتف.

- **خاصةً (خ ص ص)**

= عكس: عامةً أو بشكل عام

especially; particularly

أحب كل أصناف الفاكهة وخاصة التفاح.

تعبيرات وتراكيب

ما عدا + اسم منصوب (مفعول به)

باستثناء

- قرأت روايات نجيب محفوظ ما عدا رواية "السراب."
- أحب الفواكه ما عدا الأناناس.

نوعًا ما

= إلى حد ما

- إنه قاس نوعًا ما، ولكنه طيب خصوصاً مع القطط والكلاب.

وإن كان (كنت/ كانت/ . . .) + فعل مضارع

أي: وعلى الرغم من أنَّ

- سوف آكل في بيتزا هت، وإن كنتُ أفضل الأكل في البيت.

ومع هذا

= على الرغم من هذا

- درست الفرنسية ثلاث سنوات، ومع هذا أخطئ كثيرًا في كتابتها.

تدريبات على مفردات قصة "أغنية حب"[٢٤]

١. أكملوا الجمل الآتية بكلمة مناسبة من الكلمات الجديدة التي درستموها:

أ. حياة كوكبنا سيمفونية، ولكن التطورات التكنولوجية أصبحت .... فيها.

ب. من الأمثال الشعبية: العين لا تعلو على ....

ج. من صفات برج الأسد أن صاحبه ....، ويحب الناس كثيرًا.

د. الهاتف المحمول يسمح لك بعمل .... خاصة لتسمعها حين يتصل بك شخص ما.

ه. استمعت إلى قصيدة في مُنتهى الـ................ للشاعر نزار قباني.

٢. أكملوا الجمل الآتية بالفعل المناسب مما بين الأقواس، مع تغيير ما يلزم:

(استهوى – ودّ – تردد – حفل بـ)

أ. أنا من سوريا، و................ التعارف على صديقة من المغرب.

ب. .... لعبة كرة القدم الكثيرين من الأمريكيين في الفترة الأخيرة.

ج. علمني السفر كثيرًا ألا .... أية صعوبة تواجهني.

د. لم................ الكونجرس الأمريكي في إجراء تحقيق مع وزير الدفاع.

٣. ضعوا دائرة حول الكلمة الغريبة (من حيث المعنى أو المجال) في كل مجموعة:

أ. نغمة – نشاز – غناء – مقوَّس

---

٢٤ صححوا إجاباتكم من على الموقع الإلكتروني للكتاب.

ب. وَدّ - استهوى - غنى - أحب

ج. نبيل - مقوس - نشاز - حاجب

٤. اكتبوا عكس الكلمة التى تحتها خط في جملة من عندكم:

أ. الخلاف في الرأي يجب ألا يفسد الود بين من يتبادلون النقاش.

ب. كان اللاعب يتمنى أن يلعب للمنتخب الوطني ولكنه أصيب لسوء الحظ.

ج. عاش جدي حتى سِنّ المائة وأصبح ظهره مقوسًا.

٥. اكتبوا فقرة في موضوع باستخدام معظم الكلمات الآتية:

أغنية - نغَمات - نشاز - لسوء الحظ - أصغى - استهوى - تردّد

٦. أكملوا النصف الثاني من الجمل الآتية:

أ. عاش ذلك الرجل العجوز عمرًا طويلاً حتى ....

ب. بعض الناس يرى أن الحجاب زي غير حداثي، وأنه نشاز في المجتمع المصري و......................

ج. كذبتُ على المريض، لكن كذبي كان له وقع طيب على حالته النفسية، ......
....

د. جمال الطبيعة في بورتريكو يستهوي الزائرين من كل أنحاء العالم، ....
....

ه. لا تخف ولا تتردد في إبداء رأيك، ....
....

٧. كونوا كلمات جديدة من الجذور الآتية ثم ضعوا كلاً منها في جملة:

(غ ن ي) - (و ق ع) - (ح ف ل)

٨. ابحثوا في القاموس عن المعاني الأخرى لكل من الكلمات الآتية، ثم ضعوها في جملة توضح معناها:

تردّد:

نبيل:

حاجب:

٩. أكملوا الجمل الآتية بالفعل 'أصغى' مع تغيير ما يلزم:

أ. أعتقد أنه يجب عليّ أن .... إليك عشرة أضعاف ما أصغيت إليَّ.

ب. حين جلست صديقتي أمام قارئة الفنجان والكفّ كانت .... إلى كلامها كأنها تقول لها حقيقة المستقبل فعلا.

ج. يا بني .... دائما إلى كلام معلمك.

قصة "أغنية حب" للطيب صالح

أولاً: تمهيد لقراءة النص

١. عندما نقع في الحب، هل نغني للسعادة أم الحزن؟

٢. يحب بعض الناس أغاني الحب الحزينة؟

٣. هل تحبون أغاني الحب الحزينة؟ لماذا؟

٤. هل مررتم بتجربة حب حزينة؟ إذا كانت الإجابة بنعم؛ فلماذا كانت حزينة في نظركم؟

٥. هل كانت لكم أغنية حب حزينة؟ ما هي؟ ولمن ومتى كنتم تغنونها؟

ثانيًا: القراءة الأولى

١. اقرأوا القصة، وأجيبوا عن هذه الأسئلة:

أ. هل الأغنية —في قصة "أغنية حب" للطيب صالح—حزينة أم سعيدة؟

ب. هل بطل هذه القصة شرقي أم غربي؟ كيف عرفنا ذلك؟

ت. لماذا اختار الكاتب هذا العنوان للقصة؟

ث. في رأيكم متى بدأ البطل يغني؟

ج. هل يمكن للحب والتردد أن يعيشا معًا؟ لماذا؟

ح. لماذا تردد الحبيب في رأيكم؟

خ. ما رأيكم في نهاية هذه القصة؟

٢. اكتبوا فوق كل عبارة صاحبها المناسب (هو أو هي):

الصوت نشاز - حب الغناء - الثقة في النفس - الإرادة القوية - التردد - حب الناس - الغناء للحبيب - كره اليابانيين - على معرفة بما يحب الناس

أغنية حب[٢٥]

كنت دائماً أود أن أغني. لكن صوتي كان نشازًا، ولم أكن أستطيع أبدًا أن أجيد نغمة واحدة، لسوء حظي، إلى أن لقيتها. قالت إن أردتُ فعلا أن أغني، فعليَّ إذن أن أغني، مهما كان وقع صوتي.
قلت: لكن صوتي نشاز. قالت: غن عن الحب. الناس تستهويهم أغاني الحب الحزينة. وهكذا ابتدأت. لم يحفل الناس بي أول الأمر. ثم أخذوا يصغون. بل إن بعضهم أحب أغانيَّ. كانت عيناها خضراوين وكان فمها واسعًا وحاجباها نبيلين مقوسين بروعة.

كانت تحبني وتحب العالم كله، ما عدا اليابان. قتل اليابانيون أخاها في الحرب الأخيرة. ومع هذا فقد تركتني لأنني ترددت.
أمر محزن، نوعًا ما، لأني وإن كنت أحب أن يسمع الناس غنائي، فإنني أغني لها خاصة.

ثالثًا: القراءة الثانية

اقرأوا النص مرة أخرى، ثم أجيبوا عما يأتي:

١. يقول الكاتب إن الحبيب كان حزينًا لأن حبيبته تركته ولم تسمع أغنيته. تصور أنك كاتب كلمات هذه الأغنية، ثم اكتب الكلمات التي كان يريد لحبيبته أن تسمعها.

٢. ما جنسية البطل والبطلة في هذه القصة؟

٣. من أهم عناصر القصة القصيرة الزمان والمكان. في رأيك؛ ما زمان هذه القصة وما مكانها؟

٤. هل شخصيات القصة من بلد واحد؟ كيف عرفت هذا؟

٥. هل وفق الكاتب في اختيار الإيقاع السريع للأحداث في هذه القصة؟ لماذا؟

---

٢٥ ضِمن المجموعة القصصية "دومة ود حامد،" الطيب صالح، دار الجيل، بيروت، ١٩٩٧.

"خطوة للأمام" للطيب صالح

المفردات

• داكن (د ك ن)

= قريب من السواد

dark; dim

وقفت أراقب الرجل حتى اختفى في ظلام الليل الداكن.

• سُمرة (س م ر)

= اللون بين الأسود والأبيض

brownness (usually used for skin color)

أحبَّت صديقاتي سمرة وجهي التي اكتسبتُها بجلوسي ساعات تحت الشمس.

• أفْطَس (ف ط س)

= أنفه منخفض

flat-nosed; snub-nosed

كان أنفه أفطس قريبًا من الملامح الإفريقية، فاختاره المخرج ليقوم بالدور.

• نـُحاسيّ (ن ح س)

= لون النحاس

brass-colored

بدت رائعة الجمال بثوبها الضيق النحاسي اللون وشعرها الداكن المنسدل على كتفيها.

• رَمَـاديّ (ر م د)

= لون الرماد، اللون بين الأسود والأبيض

gray

كان شَعره الرمادي وكلامه الرقيق وحنانه وعيناه العسليتان اللتان تحضنان مَن تحبّان، أهم أسباب وقوعها في حبه، على الرغم من فارق السن بينهما.

• أُمْسِية، ج. أمسيات (م س ي)

= جلسة في وقت المساء

evening

أحب مشاهدة برنامج "أمسية ثقافية" الذي يعرض مساء الاثنين.

• مُعيّنة (ع ي ن)

= مُحددة، معروفة

specific; particular

لم توافق على شرائي سيارة لها؛ لأنها كانت تريد سيارة معينة.

• خُيّل (لـ / إليه)، يُـخَيَّل، التخييل (خ ي ل)

= تَصَوَّر على غير الحقيقة

to imagine

خُيِّل إليه أنه طائر ذو جناحين، ففتح نافذة المنزل، وألقى نفسه في الفضاء وللأسف وقع ومات.

- **لَفْظ (ل ف ظ)**

= نُطْق

enunciation; articulation; pronunciation

لم يستطع لفظ كلمة 'رجل' لغياب صوت الراء في لغته الأم.

- **وافِـر (و ف ر)**

= كثير جدًا

abounding; abundant; bountiful

في ختام رسالتي دعوت له بوافر الصحة والسعادة.

- **حِـكْمة (ح ك م)**

= المعرفة العميقة بالحياة وتجاربها

wisdom

لم يعرف الناس من هو أكثر حكمة من سليمان الحكيم.

- **(شَعره) أشعث (ش ع ث)**

= متفرق بغير نظام

matted; unkempt (hair); disheveled

كان شعرها طويلاً ناعما، على العكس من خطيبها الذي كان أشعث الشعر، لكن الحقيقة أن ملابسه كانت شديدة الأناقة.

تعبيرات وتراكيب

(جذاب) بأي مقياس

= بكل المقاييس

(صفة) + بأي مقياس

- إنها رائعة بأي مقياس تقيس؛ فهي جميلة متعلمة مثقفة، وهي من أسرة محترمة أيضًا. تزوجْها ولا تتردد.

لا غُبار على + ضمير

= تعبير يعني أنه مقبول وليس فيه عيب.

- رأيك لا غبار عليه؛ لكني للأسف لا أستطيع أن أنفذ نصيحتك.
- مهارتها في العمل لا غبار عليها، لكن مشكلتها أنها تُغضب زملاءها بتعاملها الجاف.

بعض الشيء

= إلى حد ما

- على الرغم من أن أسئلتي جريئة بعض الشيء، فإني آمل أن تجيبوا عنها بكل صراحة.
- انخفض سعر الذهب بعض الشيء نتيجة تراجع سعر الدولار الأمريكي.

تدريبات على مفردات قصة "خطوة للأمام"[٢٦]

١. أكملوا الجمل الآتية بكلمات جديدة:

أ. يحتاج الطبيب دائما إلى مساعدة .... داخل غرفة العمليات.

ب. ليس لوني أسود مثل جدي ولكني .... فقط.

ج. يعتبر .... من أقدم المعادن التي اكتشفها الإنسان، وأحبها بسبب قوتها ولونها الجميل.

د. اخترع العلماء حذاء للأطفال ينمو مع .... أقدامهم!

٢. صلوا الكلمة في (أ) بعكسها في (ب):

أ. داكن – جذاب – ناعم – لفَظ

ب. منفِّر – فاتح – صَمَت – خشن

٣. اختاروا من بين الأقواس المعنى الصحيح لما تحته خط:

أ. المتشائم يرى أن كل شيء في هذه الدنيا لونه <u>داكن</u>. (مظلم – قبيح – قديم)

ب. يجب الذهاب إلى الطبيب إذا ظهرت أعراض <u>معيَّنة</u> على الجسم بعد الولادة. (محددة – متغيرة – جديدة)

ج. <u>خُيِّل لي</u> أني أعرف هذا الرجل صاحب الصورة التي تزيّن بيتك. (تأكدت – علمت – ظننت)

د. من <u>الحكمة</u> أن تتجنب الدخول إلى هذه المنطقة الخطرة ليلاً، فليس فيها رجال شرطة. (الضروري – التعقل– اللازم)

---

٢٦ صححوا إجاباتكم من على الموقع الإلكتروني للكتاب.

٣. ضعوا دائرة حول الكلمة الغريبة (من حيث المعنى أو المجال) في كل مجموعة:

أ. رماديّ - أكرت - أسمر - داكن

ب. أكرت - أشعث - ناعم - أفطس

ج. جذاب - معين - ممرض - وافر

د. تَصرَّف - قاس - خُيّل - سَجَّل

٤. أكملوا النصف الآخر من الجمل الآتية:

أ. أنا شاب متدين أخاف الله، لوني أسمر، لكني ....

ب. الرجل الشرقي رجل جذاب ....

ج. تتحول السحب في السماء إلى اللون الرمادي قبل سقوط المطر ....

د. أحتاج إلى وصفة تجعل شعري جميلاً وناعما ....

ه. مساعدة الرجل زوجته في البيت ليس شيئاً محرجاً أمام الآخرين ....

٥. أكملوا الجمل الآتية بالكلمات المناسبة مما يأتي:

(أمسية - أكرت - ممرضة - تسجيل - قياس)

أ. أبحث عن .... صاحبة خبرة في هذا المجال للعناية بوالدتي.

ب. يستخدم الترمومتر في .... درجة الحرارة.

ج. شارکت في .... شعرية يوم الأربعاء بعنوان "يوم الطفولة،" شارك فيها كثير من الشعراء والأدباء.

د. لم توافق على الزواج منه؛ لأنه قصير جدًا، وشعره .... وهي تحب الشعر الناعم.

٥. كثير من مواقع الإنترنت يكتب في أولى صفحاته: برجاء .... اسمك وعنوانك إذا لم تكن عضوًا.

٦. استخدموا الكلمات الآتية في كتابة وصف لأحد الزملاء في الصف، وعلى الآخرين تخمين ذلك الشخص (مفتاح: تذكروا استخدام النفي أيضًا):

أسمر – داكن – أفطس – جذاب – رمادي – ناعم – أكرت – أشعث – وافر

٧. اكتبوا كلمات تعرفونها على وزن الكلمات الآتية:

أ. ممرضة:

ب. ناعم:

ج. معيَّنة:

د. نحاسي:

ه. أشعث:

٨. اكتبوا معنى ما تحته خط مما يأتي:

أ. أفضل طريقة لتحسين منظر الأنف <u>الأفطس</u> هو تجميله وتصغيره.

ب. الظلم معناه التصرف في ملك الغير بما لا <u>يرضى</u>.

ج. على الرغم من أن رأيك صحيح <u>لا غبار عليه</u>، فإنني لا أستطيع أن أنفذ ما تقترحه.

د. بعد أن ضربته السيارة لم <u>يلفظ</u> بكلمة واحدة ومات فورًا.

هـ. يوجد في الجامعة الأردنية عدد وافر من أعضاء هيئة التدريس من المؤهلين تأهيلاً ممتازًا.

و. عاد الرجل من رحلته الصحراوية أشعث الشعر لم تلمس المياه وجهه منذ ثلاثة أيام.

قصة "خطوة للأمام" للطيب صالح

أولاً: تمهيد لقراءة النص

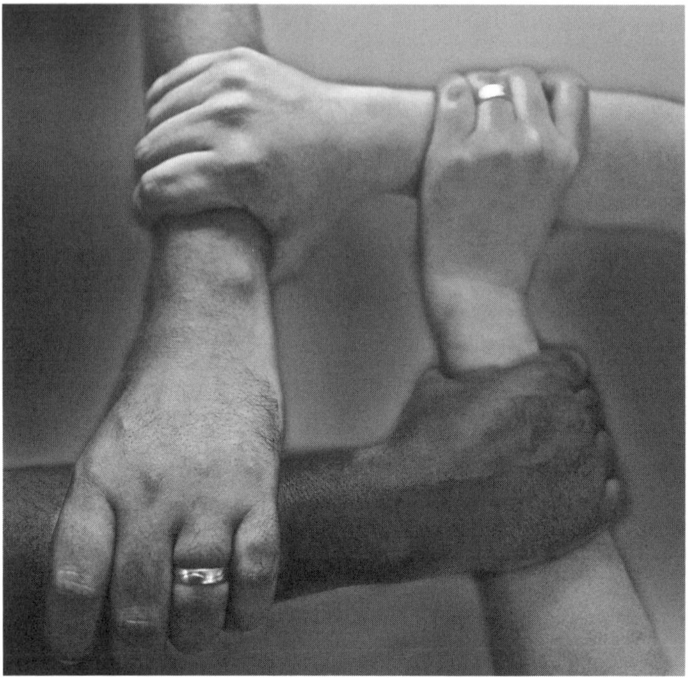

استعدوا للمناقشة من خلال الإجابة عن الأسئلة الآتية:

١. ما رأيكم في الزواج المختلط؟ هل هو زواج ناجح؟ لماذا؟

٢. الرؤى الرابط رقم (١): اقرأوا تحقيقاً بعنوان "الزواج المختلط: تجارب عربية وغربية" من الـ بي بي سي بالعربية يتضمن الاستماع إلى تجارب بعض من عاشوا تجربة الزواج المختلط، واقرأوا تعليقات القراء على ما قاله محمد عاشور ولينا محمد ودوين بريجز، ثم ناقشوا الموضوع من جديد مع زملائكم، واكتبوا تعليقكم على تلك النقاشات.

٣. الرؤى الرابط رقم (٢): ابحثوا في جوجل عن موضوع "الزواج المختلط بين النجاح والفشل،" وأجيبوا:

أ. ما أنواع الزواج المختلط التي يتم التحذير منها ؟

ب. ما النصائح التي تُقدَّم للراغبين في الزواج المختلط؟

ثانيًا: القراءة الأولى

أجيبوا عما يأتي:

١. ضعوا علامة (✓) أمام الإجابة الصحيحة، وصححوا الإجابات غير الصحيحة، بحسب ما فهمتم من النص:

أ. كانت تعمل في مستشفى. ( )

ب. كان يعمل مسجلاً في مكتب تسجيل. ( )

ج. تزوج المدرس من الممرضة زواجًا مدنيًّا. ( )

د. مكتب التسجيل المدني يقع في فولام رود. ( )

ه. لم يحضر عقد زواجهما أحدًا. ( )

و. عاشا في بريطانيا. ( )

ز. أنجبا طفلاً جميلاً أشقر وطفلة سمراء. ( )

ح. الابن أصبح طبيبًا في السودان. ( )

٢. ارسموا صورة للمعلم وصورة للممرضة بحسب ما فهمتم من النص.

خطوة للأمام[27]

كانت ممرضة.

وكان معلما.

تزوجا.

كان أسمر داكناً، أسود إذا شئت. لم تكن سمرتها داكنة، بيضاء إذا شئت.

كان أنفه أفطس، لكنه لم يكن قبيحًا. وكان أنفها إغريقيًا، جذابًا بأي قياس قسته.

وكان شعرها نحاسي اللون، ناعما وطويلا، وكانت عيناها رماديتين، تذكران الرائي بأمسيات معينة.

وكانت عيناه سوداوين، وكذا شعره الذي لم يكن أسود فحسب بل كان أكرت أيضًا.

في مكتب التسجيل في فولام رود، حيث أخذها وحيث تركته يأخذها، كانت تصرفات المسجل لا غبار عليها، لكن خُيِّل لبعض الحاضرين أنه كان محرجًا بعض الشيء.

وأخذها معه إلى أهله.

أخذ يعلم وأخذت تمرض، وولدت له ابنًا.

- ماذا تسميه؟

سامي. يسهل لفظه، بالإنكليزية وبالعربية.

ونما صحيح الجسم وافر الحكمة، فكما الأب كذلك الابن، والأم ممرضة. أما الغني فلم يكن مؤكدًا.

كانت عيناه رماديتين، تذكران الرائي بأمسيات معينة في لندن.

وكان شعره نحاسي اللون، وكان مع هذا أكرت أشعث.

لم يكن أنفه إغريقيًا ولا كان أفطس.

---

٢٧ ضِمن المجموعة القصصية "دومة ود حامد،" الطيب صالح، دار الجيل، بيروت، ١٩٩٧.

وهو أمر حسن.
"سيكون طبيباً،" تردد أمه باستمرار.

ثالثًا: القراءة الثانية

أجيبوا عما يأتي إجابة تامة:

١. يركز الطيب صالح على وصف ملامح أبطاله بالتفصيل. في رأيكم لماذا يصر على هذا الوصف الدقيق؟

٢. اسم القصة "خطوة للأمام،" فلماذا اختار الطيب صالح هذا العنوان في رأيكم؟

٣. "وكان شعره نحاسي اللون، وكان مع هذا أكرت أشعث. لم يكن أنفه إغريقيًّا ولا كان أفطس. وهو أمر حسن." في رأيك لماذا يقول الطيب صالح إن هذا "أمر حسن"؟ هل يذكركم هذا بشيء من الكتاب المقدس؟

٤. يقول الطيب صالح إن "تصرفات المسجل لا غبار عليها، لكن خُيِّل لبعض المُحاضرين أنه كان محرجًا بعض الشيء." لماذا كان "محرجًا" في رأيك؟

٥. في النص ذكر الكاتب أن الممرضة وافقت على الزواج من المعلم. ما العبارة الواردة في النص التي تقول إنه طلب منها الزواج وإنها وافقت؟

٦. الاهتمام بالإيجاز دفع الكاتب إلى أن يترك بعض الأحداث لتخيل القارئ. ما المشاهد التي تركها الكاتب لخيال القارئ؟

٧. من الأحداث والمشاهد التي لم يعطها الكاتب حقها في الوصف مشهد عودة الزوجين إلى السودان، وكيفية استقبال الأسرة لهما. أعيدوا كتابة القصة مع إضافة هذا المشهد من تخيلكم.

٨. اقرأوا قصة "خطوة للأمام" للطيب صالح، ثم قارنوا بينها وبين قصة "أغنية حب." في رأيكم ما أوجه التشابه والاختلاف بين القصتين؟

٩. أي القصتين تفضلون؟ ولماذا؟

"لك حتى المهات" للطيب صالح

المفردات

- **اختزال (خ ز ل)**

= اختصار في الكتابة إلى أقل عدد من الحروف

shorthand; stenography

على الرغم من تطور تكنولوجيا الصوتيات والتسجيل ما زالت لغة الاختزال مطلوبة في المؤتمرات والاجتماعات الدولية لتمكن الصحفيين من تسجيل الأحداث بسرعة.

- **متعلقة بـ (ع ل ق)**

= مرتبطة بـ

attached to (someone) or (something)

أعلن رؤساء الدول العربية أن السلام العالمي متعلق بحل القضية الفلسطينية.

البنت شديدة التعلق بأخيها.

- **عشية (ع ش ي)**

= فترة ما بعد المغرب حتى العتمة (الظلام)

eve

طبخت أمي المأكولات الشهية لنأكلها عشية عيد الميلاد.

- **فظيع (ف ظ ع)**

= سيئ وقبيح جدًا

awful; terrible

لم ترغب في الرقص معه، لأنها تعرف أن رقصه فظيع.

- **بدا – يبدو (ب د و)**

= ظهر

to appear; to look; to seem like

بدا الجو باردًا عندما شاهدت السحب الكثيفة في السماء من خلف زجاج نافذتي ولكن عندما خرجت إلى الشارع وجدته دافئًا.

- **خادِع (خ د ع)**

= متغير من حال إلى حال

misleading; deceiving

كان جمالها خادعًا، يستر خلفه سوء أخلاقها وتمسكها برأيها فقط.

- **عَذْب (ع ذ ب)**

= طيب؛ مقبول المذاق (في الأصل اللغوي: وصف للطعام أو الشراب)

sweet; pleasant; agreeable; entertaining

صفق الناس للمغني لاستمتاعهم بصوته العذْب وتقديرًا لحسن أدائه.

- **رائع (ر و ع)**

= جماله مؤثر؛ عظيم

splendid; wonderful; delightful

تقدم الطالب تقدمًا رائعًا بعد تغيير مادة تخصصه من السياسة إلى الإعلام، فأصبحت تقديراته تتراوح بين 'ممتاز' و'جيد جدًا' بعد أن كان يحصل على تقدير 'مقبول' دائماً.

- **أَمْيَلُ إلى (م ي ل)**

= أكثر تفضيلاً لـ

more inclined to; more in favor of; strongly inclined to

هو أميل إلى الهدوء، ولذلك فضل السكن في الريف عنه في العاصمة.

- **تقاطيع (وجه) (ق ط ع)**

= ملامح

features

كان من السهل أن نعرف أصله الإفريقي من سمرة وجهه وتقاطيعه المميزة.

- **حادة (ح د د)**

= قاطعة؛ سريعة الغضب

severe; sharp; fierce; irascible

لم يكن له أصدقاء كثيرون؛ لأنه عُرف بأخلاقه الحادة.

- **حَصَل، يَحْصُل، الحصول (ح ص ل)**

= حَدَث

to happen; to take place

أخبر أمه بما حصل له من مشاكل، أو حدثها عن خبرته السيئة في الغربة، فبكت الأم ونصحته بالبقاء في وطنه حتى وإن كان الرزق قليلاً.

- **معجزة، ج. معجزات (ع ج ز)**

= ما لا يستطيع البشر أن يفعلوا مثله

miracle

تعتبر معجزة قيامة إليعازر من الموت من أشهر وأقوى معجزات السيد المسيح.

- **الْتَهب، يلتَهِب، الالتهاب (ل هـ ب)**

= اشتعل

to flare; to burn; to inflame

ظل يحبها سنوات طويلة، ومع مرور الأيام كان حبه تجاهها يلتهب أكثر فأكثر.

- **التهاب سِحائي (ل هـ ب)**

= مرض يصيب الجهاز العصبي يسمى الحُمّى الشوكية

meningitis

قامت الدولة بحملة قومية للتطعيم ضد الالتهاب السحائي بين أطفال المدارس حتى تقيهم شر هذا المرض الخطير.

- **خَتَم، يَخْتِم، الخِتام (خ ت م)**

= أنهى

to end (something)

عادة ما يختم المتحدثون في الاجتماعات والمؤتمرات كلامهم بالشكر لحسن إصغاء الحضور.

- **مماتٌ (م و ت)**

= زمن الموت

time of death

ظل الولد يكافح ضد المرض حتى الممات.

- **بالـَغ، يُـبالِغ، المبالغة (ب ل غ)**

= زاد عن الحد في شيء ما (الكلام/ التصرف)

to exaggerate

بالغ الرجل في وصف حبيبته بالحُسن، حتى شعر أصدقاؤه بالملل.

- **راتِب، ج. رَواتِب (ر ت ب)**

= ما يأخذه الموظف أو العامل شهريًا

salary

= ما زالت الحكومة المصريـة تعمل على تحسين رواتب الموظفين؛ لتمكنهم من مواجهة الزيادة المستمرة في الأسعار.

- **ممُـتِع (م ت ع)**

= يسبب للإنسان إحساسًا بالسعادة والراحة

enjoyable

أفلام ألفريد هتشكوك ممتعة وجيدة الإخراج، ولكنها مخيفة جدًا.

- **عـَدْل (ع د ل)**

= الحكم بين الناس بالحق

justice

الممارسات السياسية الحالية أثبتت أن العدل والرحمة لا وجود لهما في السياسة الدولية.

- **جرجر، يـُجرجِر، الجَرجرة (ج ر ر)**

= سحب؛ عكس: دفع

to drag; to pull

شرب الرجل الكثير من الكحول، وسقط على أرض الحانة، فاضطر صديقه إلى أن يجرجره حتى السيارة ليذهب به إلى بيته.

- **بالغُ الـ . . . (ب ل غ)**

= شديد الـ . . .

extremely; greatly

سميرة فتاة سمراء بالغة الحسن، وطيبة القلب، فلا يراها شاب إلا ويريد الزواج منها.

- **كثيف (ك ث ف)**

= كثير متراكب

thick; dense

بحثت شركة الدعاية والإعلان عن شاب وسيم نحيف الجسم وكثيف الشعر للدعاية عن شامبو جديد ضد الصلع.

• **غُبار (غ ب ر)**

= التراب (أو الرماد) الخفيف الدقيق

dust

بعد عودتي من الرحلة الصحراوية كان وجهي وملابسي مغطاة بغبار الصحراء الأصفر الناعم.

• **ضمير، ج. ضمائر (ض م ر)**

= وسيلة الحكم الأخلاقي داخل الإنسان

conscience

يرى الناس أن الله زرع بأنفسنا الضمير لكي يعرفنا الصواب من الخطأ.

• **انتظام (ن ظ م)**

= استمرار

regularity; consistency

كان يَحَضُر صفوفه بانتظام، إلى أن أصيب بكسر في ساقه، فاضطر إلى التغيب عن الصف.

تعبيرات وتراكيب

أميل إلى (البدانة)

= أقرب إلى (البدانة)

- كانا رجلين من شرطة شيكاجو، أحدهما أبيض أميل إلى القصر والبدانة، وزميله أسود فارع القامة مفتول العضلات.
- لما تشاوروا في الأمر بينهم، كانوا أميل إلى الاستسلام وقبول الأمر الواقع.

الأمر الذي

= وهو ما يعني

- معدل الانخفاض تباطأ نتيجة هبوط قيمة الين الياباني منذ أواسط ١٩٩٥؛ الأمر الذي أدى إلى زيادة الصادرات وتراجع الواردات.
- توغلت القوات التركية في شمال العراق؛ الأمر الذي يهدد وحدة البلاد وسيادتها.

لست أدري

= لا أعرف

لست + فعل مضارع (وهو أسلوب كلاسيكي لنفي الجملة الفعلية)

- لن أقول لست أدري؛ فالجهل بالقانون لا يرفع عني المسئولية.
- لست أقول إنه مخطئ وحسب، بل أقول إنه متهم ولا يمكنه أن ينكر ذلك.

لا بأس!

= لا مانع

- لا بأس من تناول هذا الدواء عند اللزوم!
- هل تريد أن تتزوجها؟ لا بأس؟ أما أنا فلن أحضر حفل الزواج مهما حاولت إقناعي.

من جهةٍ . . . ومن جهة أخرى . . .

تعبير للمقارنة يعني: من ناحية . . . ومن ناحية أخرى . . .

- كان الذهاب إلى الإستاد فكرة رائعة؛ فمن جهة تمتعت بصحبة أصدقائي، ومن جهة أخرى تمتعت بالعرض القوي والمستوى الفني الرائع الذي قدمه الفريق.
- قال المسؤول الأمريكي: نحن بحاجة إلى قوات على الأرض لفرض النظام من جهة، ومن جهة أخرى لجعل الأفغان يتأكدون من أن الماضي لن يعود.

ليس من الـ (اسم) + أنْ

- ليس من الإسلام أن نقول إن الخروج عن الحاكم حرام في كل الحالات؛ وإنما هو من صنع فقهاء السلاطين الذين استعملوا الدين.
- ليس من العقل أن تتزوج امرأةٌ من رجل غير كفء لها.

بالغ الـ (حرارة)

= شديد الـ (حرارة)

- هذا الكتاب عمل أدبي بالغ الجمال، ورصد دقيق لأحوال المجتمع وللرأي العام المصري في وقت واحد.
- لقد حدث في تلك المعركة إنزال جوي على جزيرة كريت، وهجوم فريد لم يسبق أن رأى العالم مثله.

تدريبات على مفردات قصة "لك حتى المات"[٢٨]

١. أكملوا الجمل الآتية بكلمات تبدأ أو تنتهي بحرف 'ع':

أ. الطقس خلال الـ............... سيكون باردًا جدًا وممطرًا، ولهذا لن أخرج من البيت.

ب. كانت القاهرة مزدحمة جدًا .... عيد الفطر.

ج. كان بيت العائلة يجمعنا في كل ....، ولكني لن أستطيع زيارته بعد موت جدي الحبيب.

د. ماتت سميرة موسى إثر حادث ....، فقد صدمتها سيارة سائقها مجهول.

ه. لابد أن نختار نظارة شمسية مناسبة لـ............... الوجه.

٢. أكملوا الجمل الآتية بفعل من الأفعال بين الأقواس مع تغيير ما يلزم:

(التهب - مال - اختزل - واصل - تعلق - بدا)

أ. من الصعب أن .... مشاعرك وأحاسيسك في جملة.

ب. كانت .... من بعيد جميلة جدًا، وحين اقتربت مني غيرت رأيي.

ج. ستجدين يا سيدتي في هذا الموقع ملفًا كاملاً لكل شيء .... بجمالك.

د. الجنيه المصري .... إلى الارتفاع أمام معظم العملات هذه الأيام.

ه. .... أنفها بسبب البرد فلم تتمكن من زيارتنا.

و. سعر البترول .... الارتفاع بعد الأحداث الأخيرة.

---

٢٨ صححوا إجاباتكم من على الموقع الإلكتروني للكتاب.

٣. صلوا الكلمة من (أ) بعكسها من (ب):

أ. ممتع - بالَغ - ممات - بدا - عذب - وسيم

ب. اختفى - مالح - حياة - قبيح - اعتدل - ممل

٤. ضعوا كلمة أخرى في مكان الكلمة التي تحتها خط:

أ. تعرف الماء الصالح للشرب حين يكون رائقًا، لا لون له ولا رائحة.

ب. الجلوس أمام التليفزيون يضاعف من بدانة الجسم.

ج. من صفات برج الميزان أن لصاحبه مميزات جسدية تجعله وسيماً يجذب الآخرين.

د. كان الفيلم ممتعًا فلم نشعر بالوقت الذي زاد عن ساعتين.

ه. أكد برستد في كتابه أن فجر الضمير بدأ في مصر القديمة.

و. لابد أن تغسل أسنانك بانتظام بعد تناول الطعام، لتحميها من التسوس.

٥. أكملوا النصف الآخر من كل جملة:

أ. تحتاج مصر إلى معجزة مثل معجزات الأنبياء لتخرج من أزمتها الاقتصادية، وللأسف ....

ب. ختم رئيس الجمهورية خطبته بشكر من أيدوه في الانتخابات الأخيرة ......
....

ج. تبالغ الحكومة في استخدام وسيلة الحبس مع الصحفيين ....
....

د. جورج بوش الابن يؤكد مواصلة الحرب على الإرهاب مهما كان الثمن ....
....

٦. اكتبوا فقرة لوصف موقف مزعج أو شخص قبيح الشكل والأخلاق، باستخدام الكلمات الآتية:

مخادع – فظيع – ممات – بدانة – تقاطيع – ضمير

٧. ضعوا دائرة حول الكلمة الغريبة (من حيث المعنى أو المجال) في كل مجموعة:

أ. عطلة – بدانة – رأس السنة – رقص

ب. وسيم – تقاطيع – كثيف – مظهر

ج. ممتع – رقص– عطلة – ضمير

د. فظيع – عذب – راتب – مخادع

ه. عذب – كثيف – بدين – رائق

٨. ضعوا الكلمة المناسبة من بين الأقواس:

(ممات – عُطلة – متعلق بـ – رقص – مظاهر – عذْب – رائق)

أ. فنجان صغير من القهوة يجعلك .... المزاج طوال اليوم.

ب. يشارك نجم البوب الشهير مايكل جاكسون في الحفل بالـ............... والغناء.

ج. بدأت .... الاحتفال بالعيد قبله بأيام.

د. في بعض الثقافات لا يكون للمرأة الحق في أن تعيش بعد .... زوجها.

ه. .... العيد تبدأ يوم الاثنين وتستمر ثلاثة أيام.

و. أنصحك بأن تستمع إلى فيروز؛ فصوتها .... وكلمات أغانيها جميلة.

قصة "لك حتى الممات" للطيب صالح

أولاً: تمهيد لقراءة النص

١- ماذا تعرفون عن العلاقات بين السودان وكندا؟ ما تاريخ هذه العلاقات؟ كيف تصفون هذه العلاقات؟

٢- إذا افترضنا أن هناك علاقة حب بين كندية وسوداني، ما الحوارات التي يمكن أن تدور بين هذين الحبيبين؟ هل يمكن لهذه االعلاقة أن تنجح؟ كيف ولماذا؟

ثانيًا: القراءة الأولى

١. اقرأوا قصة الطيب صالح بعنوان "لك حتى الممات" ثم ضعوا علامة (✓) أمام الجمل الصحيحة، وصححوا العبارات غير الصحيحة:

أ. قابل البطل حبيبته في إحدى المدن الكندية. ( )

ب. تقابل الحبيبان في آخر عام ٩٥٩١. ( )

ج. كان الحبيبان يدرسان في كندا. ( )

د. الحبيبة كانت تجيد الرقص. ( )

هـ. طلب الحبيب من حبيبته العودة إلى بلدها؛ لأنه لا يستطيع الارتباط بها. ( )

و. من أسباب إعجابه بها أن جسمها كان ممتلئًا قليلًا. ( )

٢. اختاروا الإجابة الصحيحة:

أ. كانت الفتاة الكندية تعيش .... (مع أسرتها في فينشلي - مع أسرة في فينشلي - مع حبيبها)

ب. حفل رأس السنة نظمه .... (الدارسون في سيد كاب - الأسرة الكندية - معهد الدراسات الشرقية)

ج. البطل................. (كان صغيرًا في السن - لم يكن صغيرًا في السن - لم تذكر القصة شيئًا عن سنه)

د. كان البطل والبطلة .... (متأكدين من مشاعر كل منهما نحو الآخر - غير متأكدين من مشاعر كل منهما نحو الآخر - لا يشعران أحدهما بشيء نحو الآخر)

ه. انفصل الحبيبان بسبب .... (التردد - الفقر والحر- الاختلاف الثقافي)

و. توقفت الفتاة عن كتابة الرسائل بسبب .... (سوء تفاهم - موت الحبيب - مرض الحبيب)

لك حتى المات[٢٩]

كانت تعمل كاتبة اختزال في شركة التليفزيون. وكانت تسكن مع عائلة في فينشلي، وتقضي عطلات الأسبوع مع أسرتها في سيد كب، ولم يكن يبدو أنها متعلقة بأهلها كثيراً. التقيا عشية رأس سنة ٩٥٩١، في حفلة رقص نظمها معهد الدراسات الشرقية بجامعة لندن. "ماذا تدرس؟" "أعد رسالة الدكتوراه في التاريخ." كان رقصه فظيعاً، لكن معرفته باللغة الإنجليزية كانت جيدة. بدا صغير السن جداً، وربما كان هذا مظهراً خادعاً. وكان صوته عذباً، ورائقًا للأذن. كانت أميل إلى البدانة، فأعجبه ذلك. كانت تقاطيع وجهه وسيمة حادة؛ الأمر الذي لم يغب عنها. وأعطي كل منهما الآخر رقم تليفونه. بعد ثمانية أشهر حصلت المعجزة. ومع هذا قالت: "لست أدري." قال: "أنا أيضاً لست أدري." "عد إلي بلدك، وأنا سأسافر إلى كندا ربما."

وهكذا عاد ليدرّس التاريخ في إحدى المدارس الثانوية. وكتبت له من كندا تقول إنها قد حصلت علي وظيفة في شركة الإذاعة الكندية، وإن الحياة في أوتاوا لا بأس بها. وكتب لها رسائل طويلة تلتهب عاصفة، وكان يختمها دائمًا بقوله "لك حتى المات." قد يخيل إليك أنه كان يبالغ. كتبت تقول: "الراتب جيد، وكندا ممتعة، لكن لماذا علينا أن نكون بعيدين هذا البعد واحدنا عن الآخر؟" أجاب: "لأنه من جهة، ليس من العدل أن أجرجرك إلى هذا المكان، البالغ الحرارة والكثيف الغبار، ولأني فقير لا أستطيع أن أثقل ضميري بك."

وكانت الرسائل تحمل الحب من إفريقيا إلى كندا، ومن كندا إلى إفريقيا بانتظام. وكان الحب يشتد. هكذا كانت تقول الرسائل، وأستطيع أنا أن أصدق ذلك. مات بالالتهاب السحائي في صيف ١٦٩١ ولم يخبرها أحد. ظلت بعد هذا بأشهر تواصل الكتابة وتسأل: "لماذا لا تجيب؟ أم إنك لم تعد تحبني؟" ثم توقفت عن الكتابة.

٢٩ ضِمن المجموعة القصصية "دومة ود حامد،" الطيب صالح، دار الجيل، بيروت، ١٩٩٧.

ثالثاً: القراءة الثانية

اقرأوا النص مرة أخرى، ثم أجيبوا عما يأتي:

١. بحسب فهمكم النص؛ ارسموا صورة لمشهد لقاء الحبيبين الأول.

٢. ارسموا صورة للحبيب بحسب ما فهمتم.

٣. ما 'المعجزة' التي يشير إليها الكاتب عندما يقول: "وحدثت المعجزة"؟

٤. "مات الحبيب ولم تعرف الحبيبة بموته؛ لأن أحدًا لم يخبرها بذلك، فظنت أنه نسيها، وتوقفت عن الكتابة له." ما رأيكم في نهاية كهذه للقصة؟

٥. لو كنتم في موضع كاتب القصة؛ فما النهاية التي كنت تختارونها لقصة الحب بين الكندية والسوداني؟

٦. هل وفق الكاتب في اختيار هذا العنوان للقصة ؟ لماذا؟

٧. في قصة "لك حتى المهات" يقول البطل لحبيبته الكندية:

"ليس من العدل أن أجرجرك إلى هذا المكان البالغ الحرارة الكثيف الغبار . . . ضميري بك." ابحثوا في أحد مواقع محركات البحث مثل جوجل عن "دومة ود حامد،" أو اتبعوا الرابط في موقع "الربى،" واقرأوا الجزء الأول من القصة ثم أجيبوا عن السؤال الآتي:

ما صعوبات الحياة الأخرى التي يذكرها الطيب صالح في هذا الجزء من قصة "دومة ود حامد" وتؤدي إلى صعوبة الحياة بالنسبة للأجنبي في السودان؟

٨. في رأيكم، كيف تختلف هذه القصة عن القصتين الأخريين؟

رابعاً: نشاط كتابة

اكتبوا مقالًا قصيرًا تقارنون فيه بين الطيب صالح، وأي كاتب آخر—عربي أو غير عربي—يهتم بالعلاقات الثقافية بين الشعوب.

أهم المراجع لكتاب الربى الجزء الأول

١. "الأدب العربي المعاصر،" محمد يونس عبد العال وآخرين، حقوق الطبع محفوظة لمركز التعليم المفتوح بكلية الآداب بجامعة عين شمس، القاهرة، (د.ت).

٢. "أعلام الأدب العربي المعاصر،" الأب روبرت ب. كامبل اليسوعي، فرانتس شتاينر شتوتجارت، بيروت ٦٩٩١.

٣. "تاريخ الأدب العربي،" كارل بروكلمان، ت: عبد العليم النجار وآخرين، الهيئة المصرية العامة للكتاب، القاهرة، ٣٩٩١.

٤. "قاموس الأدب العربي الحديث،" تحرير: حمدي السكوت، دار الشروق، القاهرة، ٧٠٠٢.

٥. "مقدمة للأدب العربي،" روجر ألن، ت: رمضان بسطاويسي وآخرين، المجلس الأعلى للثقافة، القاهرة، ٣٠٠٢.